消防官のための
救急・救助業務の法律知識

消防大学校講師 関 東一 著

近代消防社 刊

は　し　が　き

　昭和38年、救急業務が消防機関の行う業務として法制化されて以来、逐年その内容および体制が整備され、現在、国民の生命、身体を守るうえで重要、かつ、不可欠の業務として位置づけられている。また、最近の社会生活の複雑化、多様化ならびに高齢化などに伴い、救急業務の増大とあいまって国民の期待が一層の高まりをみせている。

　一方、消防機関の行う救助活動の場は、火災、交通事故、水難事故、風水害等広範囲にわたっており、海外における国際消防救助隊の救助活動とあいまって国内的にも国際的にも、一層その重要性が高まっている。

　本書は、このような救急・救助業務を執行するうえで最小限度必要と思われる基本的な法律事項、例えば、①救急・救助業務の法的根拠、②救急・救助業務の法的性質、③救急業務と国家賠償責任、④救急隊員個人の賠償責任の有無、⑤救急活動と公務執行妨害罪、⑥医療機関に対する搬送行為の法的性質、⑦救急業務協力者に対する災害補償の内容とその法的性質、⑧救急業務協力者の加害行為と法的責任、⑨転院搬送の救急業務性、⑩救急隊員の応急処置と医師法第17条との関係、⑪特定行為の不作為と救急救命士の法的責任、⑫火災以外の災害現場における救助活動と付近にある者に対する協力要請の可否などのほか、救急業務に関する7件の裁判例を含む60項目について、質疑応答の形で解説したものである。

　本書が、救急・救助業務の執行あるいは消防学校等の研修の場における法的な面での参考図書として、多少なりともお役に立てるところがあれば幸いである。

　　平成21年1月

　　　　　　　　　　　　　　　　　　　　中成沢の寓居にて
　　　　　　　　　　　　　　　　　　　　　　関　　東　　一

目　　次

1　救急業務

Q1　救急業務とはどのようなものか。(救急業務の意義) ……………　2

Q2　救急隊員は傷病者の搬送のほか、どのような業務を行うことができるか。(救急業務の内容〈範囲〉) ……………　4

Q3　救急業務はどのような事故を対象としているか。(救急業務の対象となる事故) ……………　7

Q4　消防機関が救急業務を行い得る法的根拠はどこに求めることができるか。(消防機関による救急業務の法的根拠) ………　9

Q5　救急業務はどのような法的性質をもっているか。(救急業務の法的性質) ……………　12

Q6　救急隊員による傷病者の搬送行為は、医療機関に対しどのような法的性質をもっているか。(医療機関に対する搬送行為の法的性質) ……………　14

Q7　救急業務の対象となる「直接火災に起因して生じた事故」とはどのような事故を指すか。(救急業務の対象となる「直接火災に起因して生じた事故」) ……………　16

Q8　消防法上救急隊とはどのようなものか。また、救急隊の権限等としてどのようなものがあるか。(救急隊の意義と権限等) ……………　17

Q9　いわゆるサービス的転院搬送は、消防法上および道路交通法上の保護を受けることができるか。(サービス的転院

搬送とその法的保護) ……………………………………… 19

Q10 「転院搬送」と「転送」とはどのような点に差異があるか。(転院搬送と転送の相違点) ……………………………… 21

Q11 明らかに死亡している者は、法的に救急業務の対象となり得るか。また、どのような場合に傷病者を死亡と判断できるか。(死亡者の救急業務対象性と死亡の判断要件) ………… 23

Q12 死亡者を搬送する救急自動車は、緊急自動車として緊急走行を行うことができるか。(死亡者を搬送する救急車の緊急走行性) ………………………………………………… 25

Q13 救急隊員は、救急事故現場において、傷病者のほか、その所持品を収納・保管する法的義務があるか。(傷病者の所持品に対する救急隊員の収納・保管義務) ……………… 26

Q14 救急業務実施基準の内容はどのようなものか。また、同基準はどのような法的性質をもっているか。(救急業務実施基準の内容とその法的性質) ………………………………… 28

Q15 救急隊員の応急処置には医療行為に属する処置が含まれているが、医師法第17条との関係はどのようになっているか。(救急隊員の応急処置と医師法第17条との関係) ……… 31

Q16 医師・医療資器材を救急事故現場に搬送することは、救急業務に含まれるか。(医師・医療資器材搬送の救急業務性) … 33

Q17 救急救命士の救急救命処置と医師との関係はどのようになっているか。(救急救命処置と医師との関係) ……………… 35

Q18 救急隊員が傷病者に対し必要な応急処置を行わなかったことにより、傷病者の症状が悪化したような場合、救急隊員はどのような法的責任を問われることになるか。(救急隊員の応急処置の不作為と法的責任) ………………………… 36

Q19 救急救命士が、医師との連絡がとれなかったため、やむを得ず特定行為（除細動）を必要とする傷病者に対し、人命救助の見地から医師の具体的な指示を受けずにこれを行った場合、どのような法的責任を問われることになるか。（医師の指示を受けない特定行為と救急救命士の法的責任）……39

Q20 救急救命士が特定行為（除細動等）を必要とする重度傷病者に対し、これを行わなかった場合、どのような法的責任を問われることになるか。（特定行為の不作為と救急救命士の法的責任）……43

Q21 救急自動車の車内に収納した傷病者の所持品を誤って破損・紛失または盗難にあった場合、救急隊員はどのような法的責任を問われることになるか。（傷病者の所持品の破損・紛失等と救急隊員の法的責任）……45

Q22 いわゆる転院搬送は、救急業務の範囲に含まれるか。（転院搬送の救急業務性）……47

Q23 救急隊が緊急要請のあった住宅に急行したところ、応答がなく、かつ出入口が施錠されており、内部の状況を確認することができなかった。念のため司令室に確認したところ現場は、通報者のいう住所・氏名と一致していた。救急隊は、傷病者の症状と搬送の必要性の有無を確認するために他にとるべき方法がなかったので、やむを得ず必要最小限度の措置として窓ガラスを破って屋内に進入することにしたが、このような措置は、法的に許されるのであろうか。（傷病者を搬送するための窓ガラスの破壊と救急隊の適法性）……49

Q24 救急隊が傷病者を搬送中交通事故を起こし、傷病者に損害を与えた場合、どのような法的責任を負うことになるか。（救急車の交通事故により傷病者に損害を与えた場合の法的責任）……52

| Q25 | 救急隊は、医療機関の選定について、どのような場合に法的責任を問われることがあるか。(救急隊の医療機関の選定と法的責任) ……………………………………… 55 |

| Q26 | 救急隊員の応急処置を傷病者またはその家族が拒否した場合、救急隊員としてどのように対処すればよいか。(傷病者・家族が救急隊員の応急処置を拒否した場合の対応) …………… 58 |

| Q27 | 傷病者が救急隊による搬送を拒否しても、搬送を強行できる場合として、どのようなケースが考えられるか。(傷病者の搬送拒否に対する強行措置) ………………………… 60 |

| Q28 | 傷病者が搬送を拒否した場合、救急隊は、法的責任を問われないための対応として、どのような措置をとっておくべきか。(傷病者の搬送拒否とその対応措置) …………… 62 |

| Q29 | 救急業務協力者に対する災害補償の内容はどのようなものか。また、災害補償はどのような法的性質をもっているか。(救急業務協力者に対する災害補償の内容とその法的性質) … 65 |

| Q30 | 救急隊員の救急業務協力要請権とは何か。また、どのような法的性質をもっているか。(救急業務協力要請権の意義とその法的性質) ……………………………………… 67 |

| Q31 | 救急業務協力者が誤って第三者に損害を与えた場合、誰がどのような法的責任を負うことになるか。(救急業務協力者の加害行為と法的責任) ……………………………… 70 |

| Q32 | 救急隊の救急活動において、どのような場合に国家賠償責任を問われることになるか。(救急活動と国家賠償責任の法理) … 71 |

| Q33 | 救急活動が国家賠償法第1条の公権力の行使に含まれるのは何故か。(救急活動の公権力性) ……………………… 74 |

| Q34 | 救急隊員が、救急活動中、不適切な処置等によって傷病者に症状の悪化等の損害を与えた場合、救急隊員個人に

直接国家賠償責任が生ずるか。(救急隊員個人の国家賠償責任) … 76

Q35　救急隊員に対する公務執行妨害罪は、どのような場合に成立するか。(救急活動と公務執行妨害罪) …………… 79

Q36　救急隊員が救急事故に関し、捜査機関から参考人として事情聴取(供述調書の作成)に応ずるよう依頼があった場合、その法的根拠は何か。(救急隊員に対する参考人事情聴取の法的根拠) ……………………………………… 84

Q37　救急隊員は、救急事故に関し、参考人として、捜査機関からの事情聴取に応ずる義務があるか。(参考人事情聴取応諾の要否) ………………………………………………… 85

Q38　救急隊員が救急事故に関し、参考人として事情聴取を受け、捜査機関に供述する場合、どのような点に留意すればよいか。(救急隊員が参考人として捜査機関に供述する場合の留意事項等) …………………………………………… 86

Q39　救急隊員が担当した救急事故に関し、裁判所から証人として証言を求められた場合、出頭義務が生ずるか。また、証人として証言する場合、どのような点に留意すればよいか。(証人として証言を求められた救急隊員の出頭義務と証言する場合の留意事項) ……………………………… 88

Q40　救急出動事案について報道機関から取材の要請があった場合、消防機関は法的にこれに応じなければならないか。また、取材に応ずる場合、どのような事項を公表すべきか。(救急事案に関する報道機関の取材要請と消防機関の応承義務・取材に応ずる場合の公表事項) ……………… 91

Q41　救急隊のかかわった交通事故について、保険会社から、被害者の事故当時の状況等について照会があった場合、消防機関としてどのように対応すべきか。(交通事故被害者に関する保険会社からの照会とその対応) ………… 93

- **Q42** 救急隊員の作成する救急活動記録票は、どのような性格をもっているか。(救急活動記録票の性格) ………… 94

- **Q43** 傷病者に係る虚偽通報罪は、どのような場合に成立するか。(傷病者虚偽通報罪の成立) ………… 95

- **Q44** 赤信号の交差点を通過する場合、救急自動車の機関員が左右の安全を確認する義務を怠ったことを理由に損害賠償責任を問われた事例とはどのようなものか。(救急自動車の機関員が赤信号の交差点を通過する場合の注意義務の範囲) ………… 98

- **Q45** 転院搬送中の救急車が赤信号の交差点を進行中発生した交通事故について、消防側の賠償責任が否定された事例としてどのようなものがあるか。(赤信号の交差点における救急車の交通事故とタクシー側の賠償責任) ………… 102

- **Q46** 傷病者の症状に対する不適切な観察により病院に搬送しなかったことが不法行為にあたるとされ、法的責任(国家賠償責任)を問われた事例とはどのようなものか。(傷病者の不搬送と法的責任) ………… 107

- **Q47** 救急隊によって搬送された傷病者について、満床であることを理由に受入れを拒否した病院側が、不法行為にあたるとして法的責任(損害賠償責任)を問われた事例とはどのようなものか。(満床を理由とする傷病者の受入拒否と病院側の法的責任) ………… 112

- **Q48** 救急隊員が傷病者の病態把握義務違反や搬送義務違反などを理由として国家賠償を請求された事例としてどのようなものがあるか。(救急隊員の病態把握義務違反等と損害賠償責任) ………… 118

- **Q49** 脳梗塞の発作で消防に救急隊の出動を要請したが、通報に明瞭性を欠くなどの理由でこれに応じなかったため、病院への搬送がおくれたとして国家賠償が請求された事例はどのようなものか。(救急要請に対する救急隊の不出動と国家賠償責任) ………… 126

Q50 救急隊が、道路上で転倒し後頭部を路面に打った傷病者を救急車に収容後、病院に搬送せず家族に引き渡したことについて、搬送義務違反として損害賠償を請求された事例とはどのようなものか。(傷病者の搬送義務違反と損害賠償責任)… 134

2 救助業務

Q1 救助業務とはどのような内容の業務か。(救助業務の意義・内容) ……………………………………………… 142

Q2 消防機関はどのような場合に救助活動を行うことができるか。また、救助活動の対象となるものはどのようなものか。(消防機関の行う救助活動の要件と対象) ……… 143

Q3 消防機関が救助業務を行い得る法的根拠はどこに求めることができるか。(消防機関による救助業務の法的根拠) …… 145

Q4 消防機関の救助業務はどのような法的性質をもっているか。(救助業務の法的性質) ……………………………… 148

Q5 消防隊は、火災現場以外の災害現場において救助活動を行う場合、現場付近に在る者に対し救助活動の協力を求めることができるか(火災現場以外の災害現場における救助活動の協力要請の可否)。また、救助活動に協力した者が受傷した場合などの補償はどのようになっているか。(救助活動協力者の受傷等に対する補償) ……………… 149

Q6 消防隊は、火災以外の災害や事故現場において、人命の救助のため必要に応じ建物や機械等を破壊することができるか。また、この場合、損害の補償についてはどのようになっているか。(火災以外の災害・事故現場における救助活動と建物等の破壊の可否および損失の補償) ……… 151

Q7 消防機関の救助活動と他の行政機関の救助活動との関

係は、どのようになっているか。(消防機関の救助活動と他行政機関の救助活動との関係) ……………………… 153

Q8 特別救助隊とそれ以外の救助隊とは、どのような点に違いがあるか。(特別救助隊とそれ以外の救助隊との相違点) …… 154

Q9 国際消防救助隊の行う国際緊急援助活動の法的根拠は何か。また、当該援助活動によって被災した場合の補償はどのようになっているか。(国際緊急援助活動の法的根拠と被災した場合の補償の有無) ……………………………… 156

Q10 国際緊急援助隊と国際消防救助隊とはどのような関係になっているか。(国際緊急援助隊と国際消防救助隊との関係)… 158

救急・救助業務に関連する法令 ………………………………… 159

索　引 ………………………………………………………… 183

【凡 例】

本書中、（ ）内の法令名等の略語

消　　防　　法	→	法
消 防 法 施 行 令	→	政　令
消 防 法 施 行 規 則	→	規　則
消　防　組　織　法	→	消組法
国　家　賠　償　法	→	国賠法
刑　事　訴　訟　法	→	刑訴法
民　事　訴　訟　法	→	民訴法
道　路　交　通　法	→	道交法
地　方　公　務　員　法	→	地公法
地　方　自　治　法	→	自治法
救　急　救　命　士　法	→	救命法
自動車損害賠償保障法	→	自賠法
判　例　時　報	→	判　時

【参考文献】

消防基本法制研究会	編著	『逐条解説　消防法』	東京法令出版
救急救助問題研究会	編著	『例解　救急救助業務』	東京法令出版
消防防災制度研究会	編著	『8訂版　例題解説　消防・防災ハンドブック』	東京法令出版
丸山富夫監修・神戸市消防局法令研究部編集		『救急活動と法律問題』	神戸市防災安全公社　東京法令出版
関　東一	著	『消防行政法要論』	東京法令出版
関　東一	著	『新版　消防法の研究』	近代消防社
関　東一	編著	『消防関係行政・刑事判例の解説』	近代消防社
関　東一	著	『消防刑法入門』（改訂中）	近代消防社

1 救急業務

Q1 救急業務とはどのようなものか。
救急業務の意義

　「救急業務」とは、①災害により生じた事故、②屋外もしくは公衆の出入りする場所において生じた事故、③屋内において生じた事故または生命に危険を及ぼし、もしくは著しく悪化するおそれがあると認められる症状を示す疾病（当該事故その他の事由による傷病者を医療機関その他の場所に迅速に搬送するための適当な手段がない場合に限る。）による傷病者のうち、医療機関その他の場所へ緊急に搬送する必要があるものを、救急隊によって医療機関その他の場所に搬送することをいい、傷病者が医師の管理下に置かれるまでの間において、緊急やむを得ないものとして行う応急の手当もこれに含まれる（法第2条第9項、政令第42条）。

　ここで、「災害」とは、災害対策基本法第2条第1号に定める災害、すなわち「暴風、豪雨、豪雪、洪水、高潮、地震、津波、噴火その他の異常な自然現象または大規模な火事もしくは爆発その他その及ぼす被害の程度においてこれらに類する政令で定める原因（放射性物質の大量の放出、多数の者の遭難を伴う船舶の沈没その他の大規模な事故（同法施行令第1条）による生ずる被害」よりも広く、比較的小規模な事故等もこれに含まれると解されている。「医療機関」とは、救急隊によって搬送される傷病者に関する医療を担当するにふさわしい一定の医師、施設、設備等を有する病院または診療所であって、その開設者から都道府県知事に対して救急業務に関し協力する旨の申出があったものをいい、疾病または負傷の程度が軽易であると診断された傷病者

および直ちに応急的な診療を受ける必要があると認められた傷病者については、病院または診療所をいう（救急病院等を定める省令第1条）。「その他の場所」とは、地震、風水害、列車転覆事故などに際して、多数の傷病者に応急処置を施すことができる場所をいい、学校、寺院などがこれにあたる。「救急隊」とは、救急活動を行う人的および物的総合体をいい、救急自動車一台および救急隊員3人以上、または回転翼航空機一機および救急隊員2人以上をもって編成され（政令第44条第1項）、その救急自動車および回転翼航空機には、傷病者を搬送するに適した設備を設けるとともに、救急業務を実施するために必要な器具および材料を備えつけなければならないとされている（同条第2項）。「緊急やむを得ないものとして」とは、刑法第37条第1項に定める緊急避難（自己または他人の生命、身体、自由または財産に対する現在の危難を避けるため、やむを得ずにした行為）に該当するような場合、すなわち正当な業務行為とみなされる場合を指し、具体的には「救急隊員の行う応急処置等の基準」に従って応急処置等を行う場合がこれにあたる（第3条、第4条、第6条）。「応急の手当」には、傷病者の介護や傷病者の症状に応じた観察およびこれに基づく応急処置が含まれる。

> **Q2** 救急隊員は傷病者の搬送のほか、どのような業務を行うことができるか。
>
> 救急業務の内容〈範囲〉

　救急業務の主な内容は、一定の事故による傷病者を医療機関等に搬送することであるが、このほか、次のような業務を行うことができる。

1　応急処置等

　救急隊員は、事故の現場または搬送中、傷病者が医師の管理下に置かれる間において、緊急やむを得ない場合に、応急の手当を行うことができることになっているが（法第2条第9項）、ここにいう「応急の手当」には、傷病者に対する介護的な行為、観察および応急処置が含まれる。

(1) 傷病者の観察等

　救急隊員は、傷病者の症状に応じて顔貌、意識、出血、脈拍、呼吸、皮膚、四肢の変形等の状態または周囲の状況について観察するほか、救急科を修了した救急隊員は、さらに血圧計を使用した血圧の測定、聴診器を使用した心音および呼吸音等の測定、血中酸素飽和度測定器（パルスオキシメーター）を使用した血中酸素飽和度の測定に加え、心電計および心電図伝送装置を使用した心電図伝送等を行うことができる。

(2) 応急処置

　救急隊員は、傷病者の状態その他の条件から応急処置を施さなけれ

ば、その生命が危険であり、またはその症状が著しく悪化するおそれがあると認められる場合に、短時間に行うことができ、かつ、効果をもたらすことが客観的に認められており、さらに複雑な検査を必要とせずに消防庁長官所定の装備資器材を用いて行う処置をすることができる(救急隊員の行う応急処置等の基準第3項、第4項)。

応急処置の具体的な方法としては、①口腔内の清拭・吸引、エアーウェイ等による気道の確保、②人工呼吸、③手動による胸骨圧迫心マッサージ、④自動体外式除細動器による除細動、⑤酸素吸入器による酸素吸入、⑥出血部の直接・間接圧迫による止血、⑦創傷部の被覆・ほう帯、⑧骨折部分の固定⑨傷病者の症状・創傷部の保護等に適した体位の確保、⑩毛布等による保温、⑪その他傷病者の生命の維持または症状の悪化を防止するために必要と認められる処置のほか、救急科を修了した救急隊の場合は、さらに①喉頭鏡および鉗子等を使用した異物等の除去、②経鼻エアウェイによる気道確保、③自動式心肺そ生装置(自動式心臓マッサージ器)を使用した心マッサージ、④ショックパンツを使用した血圧の保持と骨折肢の固定、⑤在宅療法継続中の傷病者を搬送する場合、療法維持のための必要な措置を行うことができることになっている(同基準第6条)。

2 救急救命処置

救急救命士法(平成3年法律第36号)の制定に伴う救急救命士制度の創設により、救急救命士の資格を有する救急隊員は、医師の指示の下に、「傷病者の症状が著しく悪化するおそれがあり、またはその生命が危険な状態にある傷病者(重度傷病者)が病院または診療所に搬送されるまでの間に、当該重度傷病者に対して行われる気道の確保、心拍の回復その他の処置であって、当該重度傷病者の症状の著しい悪化を防止し、またはその生命の危険を回避するために緊急に必要なもの

を行うことができる（救命法第2条第1項）。このような処置を救急救命処置といい、具体的には、半自動式除細動器による除細動、乳酸リンゲル液を用いた静脈路確保のための輸液、食道閉鎖式エアウェイまたはラリンゲアルマスクによる気道確保のようなより高度な応急処置を行うことができる。しかし、この場合には、車載無線機または自動車電話等により医師の具体的な指示を得ることが必要とされている（同法第44条第1項、同施行規則第21条、救急隊員の行う応急処置等の基準第6条第3項）。

なお、救急救命士は、重度傷病者を病院または診療所に搬送するため、救急自動車等に乗せるまでの間において、救急救命処置を行うことが必要と認められる場合を除き、原則として、救急自動車等以外の場所においては、その業務を行ってはならないとされている（救命法第44条第2項）。

Q3 救急業務はどのような事故を対象としているか。

救急業務の対象となる事故

A

　救急業務の対象となる事故は、①災害により生じた事故、②屋外または公衆の出入りする場所において生じた事故、③屋内において生じた事故または生命に危険を及ぼし、もしくは著しく悪化するおそれがあると認められる症状を示す疾病（当該事故その他の事由による傷病者を医療機関その他の場所に迅速に搬送するための適当な手段がない場合に限る。）による傷病者である。

　①「災害により生じた事故」および②「屋外または公衆の出入りする場所において生じた事故」による傷病者については、医療機関等への搬送手段の有無に関係なく救急業務の対象とされているが、③「屋内において生じた事故または生命に危険を及ぼし、もしくは著しく悪化するおそれがあると認められる症状を示す疾病」による傷病者については、医療機関等に迅速に搬送するための適当な手段がない場合に限り救急業務の対象とされている。③に掲げる疾病とは、例えば、ガス中毒、食中毒、火傷、異常分娩、気道閉鎖などがあげられる。

　なお、救急業務の対象となる事故として、救急事故等報告要領（昭和39年5月4日自消甲教発第18号消防庁長官通知）に掲げられている具体的な事故の種別は、次のとおりである。

① 火災事故　火災現場において直接火災に起因して生じた事故
② 自然災害事故　暴風、豪雪、洪水、高潮、地震、津波、噴火、雪崩、地すべり、その他の異常な自然現象に起因する災害による

事故
③　水難事故　水泳中（⑥運動競技によるものを除く。）の溺者または水中転落等による事故
④　交通事故　すべての交通機関相互の衝突および接触または単一事故もしくは歩行者等が交通機関に接触したこと等による事故
⑤　労働災害事故　各種工場、事業所、作業所、工事現場等において就労中発生した事故
⑥　運動競技事故　運動競技の実施中に発生した事故で、直接運動競技を実施している者、審判員および関係者等の事故（ただし、観覧中の者が直接に運動競技用具等によって負傷した者は含み、競技場内の混乱による事故等は含まない。）
⑦　一般負傷　他に分類されない不慮の事故
⑧　加害　故意に他人によって傷害等を加えられた事故
⑨　自損行為　故意に自分自身に傷害等を加えた事故
⑩　急病　疾病によるもので救急業務として行ったもの
⑪　その他　転院搬送、医師・看護師搬送、医療資器材等の輸送、その他のもの（傷病者不搬送件数のうち、①から⑩の救急事故に分類不能のものを含む。）

なお、救急業務は、一定の事故等による傷病者を搬送の対象としているから、既に死亡した者については、救急業務の対象とならない。しかし、傷病者の生死については、その断定に困難を伴う場合が多いことから、現実の処理においては、客観的にみて死亡していることが明らかであると認められる場合または医師が死亡していると判断した場合以外は、一応、生存しているものとして扱うよう運用されている（救急業務実施基準第15条）。

Q4 消防機関が救急業務を行い得る法的根拠はどこに求めることができるか。

消防機関による救急業務の法的根拠

A

　消防機関の行う救急業務の法的根拠については、平成15年の消防法の一部改正以前においては、「政令で定める市町村は、救急業務を行わなければならない。」と定めた消防法第35条の5の救急業務執行義務規定を中心とし、これを補完する同法第2条第9項の救急業務定義規定および消防法施行令第43条によって構成されていた。すなわち、消防本部および消防署を置く市町村（政令第43条）は、消防法第2条第9項に定める救急業務を行わなければならないとする救急業務執行義務規定をその法的根拠としていた。

　ところで、消防本部および消防署を置く市町村に、救急業務の執行義務があるということは、消防機関が市町村のために救急業務を執行する権限があることを意味している。救急業務の執行権限がないのに救急業務の執行が義務づけられることはあり得ないからである。そして、このことは、消防法第2条第9項に定められた救急業務は、例外的搬送事案を除き、消防機関の専管業務であることを示すものであった。

　ところが、平成15年6月の消防法の一部改正（法律第84号）において、消防組織法第10条の消防本部および消防署の設置義務規定が削除されたこと、全国の市町村における救急業務の実施体制がほぼ充足されていることなどを理由に、消防法第35条の5の救急業務の根拠規定が削除され、これとあわせ、消防法施行令第43条も削除された

ことにより、救急業務の執行に関する消防法上の法的根拠が消滅することになった。消防法第2条第9項の規定は、あくまでも救急業務の定義規定にすぎず、この規定のみでは救急業務執行の法的根拠とはなり得ないからである。

　かくして、現在においては、消防機関の行う救急業務の法的根拠は、昭和38年以前に逆戻り、消防組織法第1条の任務規定にいう「災害による被害の軽減」に求めざるを得ないことになった。

　思うに、消防組織法第10条の消防本部・消防署の設置義務規定が削除されたことは、消防組織上の内部的問題であって、このことによって、消防作用法上の規定として、対外的に救急活動の根拠となっている消防法第35条の5の規定のうち、消防作用の内容、すなわち、「救急業務を行わなければならない。」と定めた実体部分まで削除しなければならない必然性も正当性（合理性）も見出すことができない。消防組織規定たる前者と消防作用規定たる後者は、その性格を異にする異質のものであって、連動性がないからである。

　また、現在、全国の市町村において救急業務の執行体制がほぼ充足されているのは、消防法第35条の5という明確な根拠規定が設けられているからである。したがって、救急業務の執行体制の充足性を理由に、消防法第35条の5を削除することは本末転倒というべく、しかも救急業務の執行体制の充足という消防組織の内部的事情によって、救急活動（消防作用）の根拠として対外的に重要な役割をもっている同条の存在を否定することには矛盾がみられる。

　なお、消防法第35条の5の削除の理由として、全く示されていないが、災害の大規模化、特殊化などに対応するため、救急業務の広域化、効率化を図るうえで、その執行主体を市町村の枠にとどめておくことが適切でないとする事情があるのであれば、例えば、「消防本部及び消防署を置く市町村、一部事務組合又は広域連合は、救急業務を行わなければならない。」というように現状に即応するよう改めること

によって、消防法上、救急業務の確たる法的根拠を残しておくべきであったと考える。

(注) **例外的搬送事案**

「例外的搬送事案」とは、他の行政機関が搬送義務を負っている事案のことで、例えば、感染症罹患者の搬送などがあげられる。この場合の傷病者の搬送は、「感染症の予防及び感染症の患者に対する医療に関する法律」第21条により、原則として都道府県知事の業務とされている。

Q5 救急業務はどのような法的性質をもっているか。

救急業務の法的性質

　救急業務の法的性質については、その目的と手段の両面から考えることができる。すなわち、その目的に着目すれば、学問上の給付行政(注1)の性質をもち、その手段あるいは業務の内容に着目するときは、非権力的事実行為(注2)の性質を有する。

1 給付行政

　救急業務は、傷病者の生命、身体の安全を守ることを目的とする業務、すなわち、傷病者という特定の国民の利益のために行うものであるから、学問上の給付行政の性質を有し、いわゆる国民の生命、身体の安全を守るためのサービス行政に属する。

2 非権力的事実行為

　救急業務は、傷病者の身体に手を触れて（物理的行為によって）、医療機関等に搬送し、その過程において、必要に応じ所要の応急手当を行うことを内容とする業務であるから事実行為に属し、また、傷病者の搬送行為は、原則として、傷病者等の要請、同意あるいは諒解のもとに行われるものであるから、非権力的（非強制的）事実行為の性質を有する。したがって傷病者が搬送を拒否し、または辞退したときは、これを強行することができないことはもちろん、傷病者が正常な

意思状態にないときは、当該傷病者の関係者の同意を得るか、あるいは傷病者の利益のために最も適切と思われる方法を選択しなければならない。

　以上のように、救急業務は、給付行政および非権力的事実行為の性質をもつが、緊急の必要がある場合には、傷病者の搬送方法として、一般交通の用に供しない道路または公共の用に供しない空地などを通行することができることになっている。このような救急隊の権限を緊急通行権という（法第35条の8第1項）。ところで、このような権限は、緊急の必要性に基づき、一般交通の用に供しない道路等を、その管理者の同意を得ることなしに一方的に通行する（道路等に対する実力行使）ことによって、傷病者の早期搬送という必要な状態を実現する行為であるから、学問上の即時強制の性質を有する。

　したがって、緊急時における傷病者の搬送手段の態様としては、その限りにおいて、権力的な事実行為としての一面を持っている。

(注1) 給付行政

　「給付行政」とは、学問上の概念で、一般に、国や地方公共団体が、積極的に国民（住民）に対して種々の便益を与え、その福祉の向上・増進を図ることを目的とする行政、つまり国民の利益のために行う行政のことである。

(注2) 事実行為

　ここにいう「事実行為」とは、傷病者を搬送するため、その身体に手を触れるなどして何らかの力を加える物理的な行為を指す。

Q6 救急隊員による傷病者の搬送行為は、医療機関に対しどのような法的性質をもっているか。

医療機関に対する搬送行為の法的性質

A

1 任意行為

　救急隊は、医療機関に対し、搬送した傷病者の受入れを強制することができない。このような意味で、救急隊による傷病者の搬送行為は、医療機関に対し任意行為(注1)の性質をもっている。すなわち傷病者の搬送行為は、医療機関が任意にこれを受け入れてくれることによって成り立っている。したがって、傷病者の搬送という救急業務を執行する消防機関と医療機関とは協力関係にある。

2 事実行為

　救急隊は、医療機関に対し、搬送した傷病者の受入れる義務を課すことができない。このような意味で、救急隊による傷病者の搬送行為は、医療機関に対し事実行為(注2)の性質をもっている。

　以上のように、救急隊による傷病者の搬送行為は、医療機関に対し、任意行為および事実行為、つまり非権力的事実行為の性質をもっているにすぎない。したがって、医療機関から傷病者の受入れを拒否された場合には、その理由のいかんにかかわらず、傷病者の受入れを断念し、他の医療機関に搬送せざるを得ない。

それ故に、医療機関が傷病者の受入れを拒否したことによって生じた損害（例えば、傷病者の病状の悪化など）に対する法的責任（民事上の損害賠償責任や刑事責任など）については、原則として、医療機関にある。

(注1) 任意行為
　「任意行為」とは、学問上の概念で、相手方に一定の行為を行うことまたは一定の行為を受忍することを強制できない行為、すなわち、相手方の任意の協力または受忍を期待して行う行為をいう。

(注2) 事実行為
　ここにいう「事実行為」とは、相手方に対し一定の法的な義務を課すことができない意思表示をいう。

Q7 救急業務の対象となる「直接火災に起因して生じた事故」とはどのような事故を指すか。

> 救急業務の対象となる「直接火災に起因して生じた事故」

A

　救急業務の対象となる「直接火災に起因して生じた事故」とは、火災現象に伴う火炎、高熱、煙、その他の有毒ガス等が作用して受傷した事故、火災による建物の倒壊等により受傷した事故または消火活動、救助活動、避難行動等により受傷した事故をいい、例えば、次のような事故がこれに該当する。

(1)　消火活動中に消防職員が受傷した場合
(2)　消火活動中の消防職員と一般人が衝突し、一般人が受傷した場合
(3)　火災が発生した建物の居住者が避難中に煙にまかれて中毒になった場合
(4)　一般人が消火活動に協力中、誤って転倒し受傷した場合。

なお、次のような事故は、「直接火災に起因して生じた事故」に該当しない。

(1)　火災の発生した建物の隣接建物内で物品搬送中転倒し負傷した場合（一般負傷）
(2)　火災のショックにより心臓病を起こした場合（急病）
(3)　消防隊員が火災現場へ出場途上交通事故により受傷した場合（交通事故）

Q8 消防法上救急隊とはどのようなものか。また、救急隊の権限等としてどのようなものがあるか。

救急隊の意義と権限等

A

1 救急隊の意義

「救急隊の定義については、消防法上明文の規定がない。しかし、「消防隊」については、「消防器具を装備した消防吏員若しくは消防団員の隊又は消防組織法第30条第3項の規定による都道府県の航空消防隊をいう。」と定義され（法第2条第8号）、このことは、消防活動を行う人的および物的総合体を意味し、これに準じて「救急隊」とは消防法第2条第9項に定める救急業務を行う、人的および物的総合体であると解されている。ここで「人的」とは救急隊員を指し、「物的」とは救急自動車または航空機およびこれに装備された救急資器材を指す。

消防法施行令第44条第1項は、「救急隊は、救急自動車1台及び救急隊員3人以上をもって、又は航空機1機及び救急隊員2人以上をもって編成しなければならない。ただし、救急業務の実施に支障がないものとして総務省令で定める場合には、救急自動車1台及び救急隊員2人をもって編成することができる。」と規定し、総務省令で定める場合とは、傷病者を一の医療機関から他の医療機関へ搬送する場合であって、これらの医療機関に勤務する医師、看護師、准看護師又は救急救命士が救急自動車に同乗している場合と定めているが（規則第50条）、このような基準を満たしていない場合であっても、当該救急

業務を行うにふさわしい実態をもっているときは、消防法上の救急隊にあたると解されている。

② 救急隊の権限等

消防法上、救急隊の行い得る権限等としては、次のようなものがある。
(1) 傷病者の医療機関等への搬送行為（法第2条第9項）
　　この行為は、救急隊の主要な業務で非権力的事実行為の性質をもつ。
(2) 救急現場または搬送中における傷病者に対する応急の手当て（法第2条第9項）
　　この行為は、傷病者の症状により必要に応じて行われるもので、応急の手当ての要件に適合している限り正当な業務行為とみなされる。
(3) 救急隊による救急自動車の緊急通行（法第35条の8第1項）
　　この緊急通行権は、即時強制の性質を有し、通行の用に供しない空地等の関係者の抵抗を排除して強行すること（実力行使）が可能である。
(4) 救急現場付近にある者に対する救急業務協力要請（法第35条の7第1項）
　　この権限には強制力がなく、相手方の任意の協力を期待して行われるもので、任意行為の性質をもつ。
　　なお、救急隊員の協力要請に応じて救急業務に協力した者がたまたま負傷した場合などには、救急隊の属する市町村によって災害補償がなされることになっている（法第36条の3）。この補償は、救急隊員の適法な行為（協力要請）に関連して偶発的に生じた損害に対するものであるから、結果責任に基づく損害賠償の性質をもつ。

Q9 いわゆるサービス的転院搬送は、消防法上および道路交通法上の保護を受けることができるか。

サービス的転院搬送とその法的保護

A

1 サービス的転院搬送の意義

　いわゆるサービス的転院搬送とは、消防法第2条第9項および同法施行令第42条に定める救急業務に該当しない傷病者の搬送行為、すなわち医療機関からの依頼により第三次医療機関から第二次医療機関への患者の搬送あるいはCT検査のため、一時的に行われる患者の搬送などを指し、本来の救急業務に支障をきたさない範囲内において、原則として、医師の同乗を求めて行われる。

2 サービス的転院搬送と法的保護

(1) 消防法上の法的保護

　いわゆるサービス的転院搬送が救急業務に該当しないものである以上、消防法上、救急業務に付随する権限としての緊急通行権(法第35条の8第1項において準用する消防法第27条)は認められない。

(2) 道路交通法上の法的保護

　道路交通法第39条は、緊急自動車の定義について、「消防用自動車、救急用自動車その他の政令で定める自動車で、当該緊急用務のため、政令で定めるところにより運転中のものをいう。」と定めてい

るが、ここにいう「救急用自動車」とは、もっぱら救急業務のために使用される自動車をいい、「当該緊急用務」とは、救急業務を指す。また、「政令で定めるところにより」とは、道路交通法施行令第14条により、原則として、サイレンを鳴らし、かつ、赤色の警光灯をつけなければならないものとされている。

　ところで、いわゆるサービス的転院搬送が救急業務に該当しない以上、当該サービス的転院搬送のための救急自動者は、その限りにおいて道路交通法上の緊急自動車として取り扱うことは困難である。

　したがって、サービス的転院搬送に際して、サイレンを吹鳴し、赤色警光灯を作動させて緊急走行することはできないものと解される。また、サービス的転院搬送のための救急自動車が道路交通法上の緊急自動車として取り扱われない以上、同法第40条に基づく優先通行権も認められないことになる。

Q10 「転院搬送」と「転送」とはどのような点に差異があるか。

転院搬送と転送の相違点

A

「転院搬送」とは、すでに医療機関に収容されている傷病者について、当該医療機関が治療能力を欠いているため、他の専門病院（高度治療の可能な病院）に緊急に搬送する必要があり、かつ、ほかに適当な搬送手段がない場合に、要請により当該医療機関から他の医療機関に傷病者を搬送することをいい、このような一定の要件を満たすものである限り、消防法第2条第9項および消防法施行令第42条に規定する救急業務に該当する。

したがって、このような転院搬送の救急自動車には、消防法上の緊急通行権が認められ（第35条の8第1項）、また、道路交通法上の緊急自動車として優先通行権を有するとともに、サイレンの吹鳴や赤色警光灯の点灯が認められ（道交法第40条、同法施行令第14条）、その搬送が法的に保護されている（昭和49年12月13日消防安第130号、広島県総務部長あて消防庁安全救急課長回答）。

なお、このような一定の要件を満たさない転院搬送、例えば、第三次医療機関の空床確保のため第二次医療機関への搬送、あるいはCT検査のための一時的な患者の搬送などは、いわゆるサービス的転院搬送にすぎず、救急業務の対象とならない。

これに対し「転送」とは、傷病者を医療機関に搬送した救急隊が、医師の不在、ベッドの満床、専門外などの理由により傷病者の受入れ（収容）を拒否されたため、そのまま傷病者を他の医療機関へ搬送す

ることをいう。したがって、転送は、常に消防法上の救急業務に該当する搬送行為である。

> **Q11** 明らかに死亡している者は、法的に救急業務の対象となり得るか。また、どのような場合に傷病者を死亡と判断できるか。
>
> 死亡者の救急業務対象性と死亡の判断要件

A

1　死亡者は救急業務の対象外

　救急業務の対象は、一定の事故における傷病者であり（法第2条第9項）、傷病者とは、怪我を負ったり病気を患っている生存者を指し、死亡者は含まれない。したがって、死亡者の搬送は、消防法第1条の消防の目的規定や消防組織法第1条の任務規定にいう「被害の軽減」にあたらないとして消防の目的や任務の対象外であることをあえて持ち出すまでもなく、文理上当然に救急業務の対象となり得ない。

　しかし、運用上、家族の依頼等により、行政サービスの一環として死亡者を搬送することは勿論可能である。

2　救急隊員による死亡判断の要件

(1)　一見して明らかに死亡していると判断できる場合

　一見して明らかに死亡していると判断できるのは、次のいずれかに該当する場合である。

　① 頸部または体幹部が離断している場合

　② 死後硬直が起こっている場合

③　死斑が認められる場合
(2) **観察の結果、明らかに死亡していると判断できる場合**
　観察の結果、明らかに死亡していると判断できるのは、次のすべての項目に該当する場合である。
　①　意識レベルが300である場合
　②　呼吸が全く感じられない場合
　③　総頸動脈で、脈拍が全く触知できない場合
　④　瞳孔の散大が認められ、対光反射が全くない場合
　⑤　体温が感じられず、冷感が認められる場合

Q12 死亡者を搬送する救急自動車は、緊急自動車として緊急走行を行うことができるか。

死亡者を搬送する救急車の緊急走行性

A

　道路交通法上、緊急自動車には優先通行権等が認められているが（同法第40条）、同法第39条は、緊急自動車について「消防用自動車、救急用自動車その他の政令で定める自動車で、当該緊急用務のため、政令で定めるところにより運転中のものをいう。」と定めている。ここで、「救急用自動車」とは、もっぱら救急業務のために使用される自動車をいい、「救急業務」は、消防法第2条第9項に定義されている救急業務を指す。また、「当該救急用務」とは、救急自動車の場合救急業務をいい、「政令で定めるところにより運転中のもの」とは、道路交通法施行令第14条により、原則として、所定のサイレンを鳴らし、かつ、赤色の警光灯をつけて運転しているものとされている。

　したがって、救急業務の対象とならない死亡者を搬送する救急自動車は、その限りにおいて、道路交通法上の緊急自動車として取り扱うことには無理がある。

　以上のことから、家族の依頼により死亡者を搬送する救急自動車には緊急自動車としての優先通行権がないことはもとより、サイレンの吹鳴や赤色警光灯の点灯を行うことができず、一般車として走行することになる。

> **Q13** 救急隊員は、救急事故現場において、傷病者のほか、その所持品を収納・保管する法的義務があるか。
>
> 傷病者の所持品に対する救急隊員の収納・保管義務

A

1 傷病者の所持品に対する救急隊員の収納・保管義務

(1) 原則

　救急隊の任務は、救急事故現場において、傷病者に対し必要な応急処置を施したのち、適応する医療機関に搬送することであり、救急業務の目的は傷病者の人命安全の確保にある。したがって、傷病者を緊急搬送する必要がある場合、傷病者の人命の安全を犠牲にしてまでも、その所持品を収納・保管する義務はないものと解される。このようなことから、救急隊員が傷病者の所持品を収納・保管しなかったからといって、過失・違法性は認められず、国家賠償責任としての法的責任を問われることはないと解される。

　ただ、実務上の運用としては、救急隊員が傷病者の所持品を収納するいとまのない場合で、傷病者の関係者が居合わせたときは当該関係者に、また、関係者のいない交通事故などのときは、現場の警察官に保管を要請しておくことが望ましい。

(2) 例外

　搬送を必要とする傷病者の症状が比較的軽症で、緊急性がなく、かつ、所持品の収納が容易である場合は、条理上（社会通念上）、救急

隊員が収納・管理すべきものと解される。したがって、このような場合に所持品の収納を怠ったことにより傷病者に損害が生じたときは、過失による不適切な行為に起因して損害を加えたものとして、国家賠償責任が追及されることはあり得る。

② 傷病者の所持品を収納・搬送しなかった場合の救急隊の刑事責任

　救急隊が傷病者の所持品を収納・搬送しなかったことについて、これを処罰する刑法上および消防法上の規定は存在しない。したがって、このことについて、救急隊は刑事責任を問われる余地がない。

> **Q14** 救急業務実施基準の内容はどのようなものか。また、同基準はどのような法的性質をもっているか。
>
> 救急業務実施基準の内容とその法的性質

A

1 救急業務実施基準の内容（大要）

　消防法は、「救急隊の編成及び装備の基準その他救急業務の処理に関し必要な事項は、政令で定める。」と規定し（法第35条の9）、これを受けて消防法施行令は、救急隊の編成、装備及び救急隊員の資格について大枠的な事項を定めている。しかし、消防機関が現実に救急業務を行うためには、これらの規定のみでは不十分であり、全国レベルでの統一的な運用を図るための基準として、「救急業務実施基準」（昭和39年3月自消教発第6号消防庁長官通知）が制定された。本基準は、10章30条から構成され、①総則、②救急隊の設置単位等、③救急自動車の要件等、④救急活動要領、⑤医療機関との連絡等、⑥救急自動車の取扱い、⑦救急業務計画等、⑧その他、⑨都道府県との連絡調整、⑩雑則について定めている。

　このうち、具体的な救急活動に関するものとしては、消防長または消防署長は、救急事故が発生した旨の通報を受けたときまたは救急事故が発生したことを知ったときは、当該事故の発生場所、傷病者の数および傷病の程度等を確かめるとともに、直ちに所要の救急隊を出動させなければならない（第2条）として、救急業務の具体的実施責任を消防長または消防署長に負わせている。

ただし、救急業務は、サービス的行政作用であることから、傷病者またはその関係者が搬送を拒んだ場合は、これを搬送しないものとする（第13条）とされている。

　救急活動を実施するに当たっての医師の協力については、現場への医師の要請（第14条）等の規定が置かれている。

　また、救急業務は、傷病者を搬送することであり、したがって、死者についてはこれを搬送しないこととされ（第15条）、さらに、傷病者のうち伝染病患者および生活保護法に定める要保護者等については、特別の規定が設けられている（第18条、第19条）。

　救急隊員が傷病者を搬送するに際し、傷病者の関係者または警察官が同乗を求めたときは、つとめてこれに応ずるものとされているが（第16条）、酩酊者等付添いに適さないと認められる者については同乗を拒否することができるとともに、関係者を同乗させる場合においても、安全な乗車位置の指定、乗車定員の管理等必要な措置を講ずべきことが要請される。

　さらに、救急活動の記録に関しては、救急活動記録票等の作成などが定められており（第20条）、医療機関との連絡についても、消防長は、救急業務の実施について、医療機関と常に密接な連絡をとるとともに、医療機関の情報について、必要に応じ、近接する他の消防本部の消防長と相互に情報を交換するよう努めるものとされている（第22条）。

　このほか、特殊な救急事故、例えば、当該市町村が通常の救急事故を処理する体制では処理できない救急事故等に対処するため、あらかじめ、救急業務の実施についての計画を作成するとともに、消防長は、毎年一回以上当該計画に基づく訓練を行うものとされている（第26条）。

② 救急業務実施基準の法的性格

　救急業務実施基準は、形式的には、消防組織法第38条の規定に基づく消防庁長官の指導基準にすぎず、法的には関係市町村の消防機関を拘束し得ない。しかし、救急業務の適正な実施について準拠すべきものが他に存在しない以上、実質的には、救急業務を実施すべき関係市町村を拘束する地位にあるものとして位置づけられている。

　なお、本基準が、救急隊員の行う「応急処置等の基準」のごとく行政規則的な告示形式をとっていないのは、関係市町村の体制、財政面等からの処理能力の格差に着目した政策的な配慮によるものと思われる。

Q15 救急隊員の応急処置には医療行為に属する処置が含まれているが、医師法第17条との関係はどのようになっているか。

救急隊員の応急処置と医師法第17条との関係

A

医師法第17条は、公衆衛生上の見地から、「医師でなければ医業をなしてはならない。」と規定し、医業を国家の免許を受けた医師に独占させ、一般人がこれを行うことを禁止している。ここにいう「医業」とは、医療行為、つまり医師の医学的判断および技術をもってするのでなければ、人体に危険を及ぼし、または危害を及ぼすおそれのある一切の行為を反覆継続する目的をもって行うことを意味する。

一方、消防法第2条第9項は、消防機関の行う救急業務には、傷病者が医師の管理下に置かれるまでの間において、緊急やむを得ないものして行われる「応急の手当」が含まれる旨を規定している。この規定が、救急隊員による応急の手当が行われる場合に、①「傷病者が医師の管理下に置かれるまでの間に行われること」および②「緊急やむを得ないものとして行われること」という二重の制約を加えているということは、救急隊員の行う応急の手当に医療行為が含まれることを意味していると解される。応急の手当に医療行為が含まれないとすればこのような二重の制約を加える必要がないからである。このような解釈のもとに、消防法第2条第9項に基づき、具体的な応急手当の基準として、「救急隊員の行う応急処置等の基準」（昭和53年消防庁告示第2号）が定められたが、医療行為に属する応急処置としては、例

えば、救急資器材による人工呼吸、気道確保、自動式心肺蘇生装置による心マッサージその他の処置がある。

　ところで、救急隊員の行う応急処置に医療行為が含まれる以上、医師以外の者による医療行為を禁じた医師法第17条との抵触が問題となるが、傷病者が医師の管理下に置かれるまでの間において、緊急やむを得ないものとして行われた場合、すなわち傷病者の生命または身体に対する現在の危難（危険状態）を避けるためにやむを得ない場合において、救急隊員が、当該傷病者に対して応急措置をとることにより、傷病者の症状の進行、悪化をできるだけ防止（抑止）して医師の有効な治療に寄与することは、緊急避難の性質を有し、医師法第17条との関係において違法性が阻却され、正当な業務とみなされる。

　かくして、救急隊員による応急処置は、傷病者の安全、保護を目的とする救急業務の趣旨に適合し、搬送行為に付随する必要、かつ、正当な業務として立法化されたものと考えられる。

Q16 医師・医療資器材を救急事故現場に搬送することは、救急業務に含まれるか。

医師・医療資器材搬送の救急業務性

A

　消防法第2条第9項に定める救急業務のうち、その中心的業務は、一定の傷病者を医療機関等に搬送することであり、搬送の対象は傷病者に限定されている。

　したがって、救急業務の定義を文字どおり解釈すれば、傷病者とはいえない医師や医療資器材は、搬送の対象となり得ないことになる。

　ところで、消防法第2条第9項に定める救急業務は、単に傷病者を物理的に医療機関等に搬送するだけではなく、緊急の必要がある場合には、当該傷病者をできるだけ良好な状態に保ち、その救命効果を高めるために一定範囲の応急手当を行いながら搬送することができるのであるが、傷病者を救急事故現場から搬送すること自体、当該傷病者の病状を悪化させ、あるいはその生命に重大な影響を及ぼすものと認められるような場合には、医師の処置を待つほかなく、このために医師を救急事故現場に搬送することは、当該傷病者を医療機関等に搬送するための不可欠な前提条件（前提措置）となる。したがって、このような特殊な場合における救急事故現場への医師の搬送は、救急業務に含まれるものと解される。

　また、救急事故現場への医療資器材の搬送についても、当該医療資器材が傷病者の応急手当のために必要なものであり、当該傷病者を医療機関等に搬送するための前提条件（前提措置）として行われるもの

である限り、救急事故現場への医師の搬送と同様、救急業務に含まれるものと解される。

Q17 救急救命士の救急救命処置と医師との関係はどのようになっているか。

救急救命処置と医師との関係

A

　救急救命士は、重度傷病者（その症状が著しく悪化するおそれがあり、またはその生命が危険な状態にある傷病者）のうち、心肺機能停止状態にある患者に対し、次に掲げる救急救命処置（特定行為）を行う場合には、医師の具体的な指示を受けなければならないことになっている（救命法第44条第1項、同施行規則第21条）。

① 半自動式除細動器による除細動
② 乳酸加リンゲル液を用いた静脈路の確保のための輸液
③ 食道閉鎖式エアウェイまたはラリンゲアルマスクによる気道確保

　このように、救急救命士が半自動式除細動器による除細動等の特定行為を行う場合、医師の具体的な指示が必要とされているのは、当該行為を行うについて、正確な患者観察と心電図波形の正確な把握が必要とされるなど実施の要否の判断に高度な医学的技能を必要とし、かつ、仮に誤って実施した場合に重大な結果をひき起こす危険性が高いためと考えられている。

　なお、救急救命士が医師の指示を受けずに特定行為を行った場合は、20万以下の罰金の対象となる（救命法第53条第2項）。

Q18 救急隊員が傷病者に対し必要な応急処置を行わなかったことにより、傷病者の症状が悪化したような場合、救急隊員はどのような法的責任を問われることになるか。

救急隊員の応急処置の不作為と法的責任

A

① 応急処置の不作為と国家賠償責任

　国家賠償責任は、「公権力の行使に当る公務員が、その職務を行うについて、故意又は過失によって違法に他人に損害を加えた」ことによって発生するが（国賠法第1条第1項）、ここにいう「公権力」には事実行為も含まれ、また、「公権力の行使」には公権力の不行使（不作為）の場合も含まれるから、救急隊員による応急処置の不作為は、公権力の行使に該当する。

　ところで、救急隊員が救急現場あるいは搬送中において、傷病者の生命を守るために一定の応急処置を行う必要性を認識していたとすれば、救急隊員において一定の応急処置をしなければ傷病者の症状が悪化するという結果の発生を予見できたことになり（結果の予見可能性）、さらに、一定の応急処置を行うことが可能であったとすれば（結果の回避可能性）、応急処置を行うことによって症状の悪化という結果の発生を回避する義務（結果の回避義務）が発生する。したがって、このような状況のもとで応急処置を行わなかったことは、結果の回避義務違反（注意義務違反・不注意）を構成し、過失が認められる

ことになる。

　また、応急処置の必要性を認識しながらこれを怠ったことは適切を欠くものとして違法とされ、一定の応急処置を行わなかったことに起因して傷病者の症状が悪化したと認定された場合、つまり、一定の応急処置を行っていれば傷病者の症状の悪化を防ぐことができたと認められた場合には、応急処置の不作為と傷病者の症状の悪化（結果の発生）との間に相当因果関係が存在することになり、救急隊員の損害賠償責任（市町村負担）が問われる可能性が考えられる。

　ただ、救急隊員に一定の応急処置を行い得る資格がなかった場合には、結果回避義務がないことになり、その過失は否定される。また、傷病者の症状の悪化という結果の発生について他の原因が認められた場合には、応急処置の不作為と結果の発生との間に相当因果関係が認められないことになる。したがって、これらのいずれかに該当する場合は、国家賠償責任の要件を満たさないことになるから救急隊員の賠償責任はない。

② 応急処置の不作為と刑事責任

　業務上過失致死傷罪は、「業務上必要な注意を怠り、よって人を死傷させた」ことによって成立する（刑法第211条第1項）。

　ところで、救急隊員が傷病者の症状の悪化を防ぐために、一定の応急処置を行う必要性を認識し、かつ、当該応急処置を行うことが可能であった場合にこれを怠ったとすれば、結果回避義務違反（注意義務違反・不注意）として業務上の過失が認められる。しかも、一定の応急処置をしていれば傷病者の症状の悪化を防ぐことができたであろうと認められる場合には、応急処置の不作為と症状の悪化との間に相当因果関係があるとして業務上過失致死傷罪の刑事責任を問われることがあり得る。

ただし、救急隊員が一定の応急処置を行っていても、症状の悪化という結果は避けられなかったという事情が認められる場合には、応急処置の不作為と結果の発生との間には相当因果関係が認められない。したがって、本罪の成立はないことになる。

　なお、救急隊員が一定の応急処置を行う過程の中で、誤って傷病者の身体の一部を傷つけた場合には、理論上業務上過失致死傷罪（刑法第211条第1項）の要件を満たすとしても、殆どの場合緊急避難に該当するものとして違法性が阻却され、犯罪の成立はないものと思われる。仮に犯罪が成立するとしても、その罪状において処罰に値しないものとされ、起訴猶予処分となる可能性が高い。

> **Q19** 救急救命士が、医師との連絡がとれなかったため、やむを得ず特定行為（除細動）を必要とする傷病者に対し、人命救助の見地から医師の具体的な指示を受けずにこれを行った場合、どのような法的責任を問われることになるか。
>
> 医師の指示を受けない特定行為と救急救命士の法的責任

A

　本件事案にかかる救急救命士の法的責任については、刑事責任、国家賠償責任および行政上の責任に分けて考えることができる。

1　刑事責任

　この場合の刑事責任については、特別刑法（行政刑法）たる救急救命士法違反と刑法犯の両面から考えることができる。

(1)　救急救命士法違反

　救急救命士が医師の指示を受けずに傷病者に対し特定行為を行ったことは、救急救命士法第53条第2項に定める「第44条第1項の規定に違反して（医師の具体的な指示を受けずに）救急救命処置を行った」という構成要件に該当し、20万以下の罰金の対象となる。

(2)　刑法犯（暴行罪、傷害罪、傷害致死罪）

　特定行為である除細動は、身体に電気を通じてショックを与える行為であるが、医師の具体的な指示を受けずに行った違法な特定行為に

よって傷病者の身体に特段の傷害を与えなかった場合には、「暴行を加えた者が人を傷害するに至らなかった」という暴行罪の構成要件に該当するにとどまり(刑法第208条)、その結果、傷病者の身体を傷害したときは、「人の身体を傷害した」という傷害罪の構成要件に該当する(刑法第204条)。そして、更に死亡という結果が生じたときは、「身体を傷害し、よって人を死亡させた」という傷害致死罪の構成要件に該当する(刑法第205条)。

(3) 上記犯罪に対する違法性阻却事由

(1)および(2)の犯罪に対する違法性阻却事由としては、刑法第35条の正当行為(正当な業務による行為)および同法第37条第1項本文の緊急避難が考えられる。

ア　正当行為該当性

救急救命士が医師の具体的な指示を受けずに行った特定行為は、救急救命士法上の業務とはいえないから、上記のいずれの犯罪の場合でも正当な業務行為とはいえない。したがって、その違法性は阻却されない。

イ　緊急避難該当性

緊急避難は、「自己又は他人の生命、身体又は財産に対する現在の危難を避けるため、やむを得ずにした行為について、これによって生じた害が避けようとした害の程度を超えなかった場合」に成立する(刑法第37号第1項本文)。

ところで、救命救急士が医師の具体的な指示を受けずに行った特定行為、暴行罪、傷害罪または傷害致死罪のいずれかに構成要件に該当するとしても、傷病者に対する当該特定行為は、緊急に傷病者の生命を救うために他の方法がなく、やむを得ずに行ったものであれば、「他人の生命に対する現在の危難を避けるため、やむを得ずにした行為」に該当し、除細動という特定行為による害(暴行、傷害または致死)と避けようとした「死」という害を比較するとき、避けようとした害

の程度を超え得ないことは明らかである。したがって、救急救命士のこのような行為は緊急避難に該当し、その違法性が阻却されるものと解される。

② 国家賠償責任

　国家賠償責任は、「公権力の行使にあたる公務員が、その職務を行うについて、故意又は過失によって違法に他人に損害を加えた」ことによって成立するが（国賠法第1条第1項）、救急救命士が傷病者に特定行為を行ったことは、ここにいう公権力の行使に該当し、医師の具体的な指示を受けずにこれを行ったことは、救急救命士法第44条第1項の禁止規定に違反する違法行為となる。しかし、傷病者の人命危険を予見し（除細動を行う必要性を認め）、その危険を回避するために特定行為を行ったのであれば、当該危険を回避する義務違反（注意義務違反）はなく、その過失性は否定される。そうであれば、特定行為と傷病者の損害との間の相当因果関係の有無について詮索するまでもなく、国家賠償責任の要件は満たされないことになる。

　したがって、このような場合には、救急救命士の属する市町村に損害賠償責任が生じないものと解される。

③ 行政上の責任

　救急救命士が医師の具体的な指示を受けずに行った特定行為にかかる行政上の責任とは、当該救急救命士が、免状の取消処分や名称の使用停止処分の対象となるか否かの問題である。

　ところで、救急救命士法第9条第2項は、免状の取消しまたは名称の使用停止処分の要件として、「救急救命士が第5条各号のいずれかに該当するに至ったときは、厚生労働大臣は、その免状を取消し、又

は期間を定めて救急救命士の名称の使用の停止を命ずることができる。」と規定し、厚生労働大臣に処分の裁量権を認めている。救急救命士法第5条各号のうち、本件事案に関する条文は、第1号および第2号であるが、第1号は、「罰金以上の刑に処せられた者」、第2号は、「前号に該当する者を除くほか、救急救命士の業務に関し犯罪又は不正の行為があった者」と定めている。

　本件救急救命士の行為が第1号の要件に該当しないことは明らかであるが、第2号にいう「犯罪又は不正の行為」のうち、「犯罪」とは、前号の要件との関係から、犯罪行為であるが罰金以上の刑に処せられていない場合を指し、「不正の行為」とは、「犯罪」と選択的に対比されていることから、犯罪以外の法規違反を意味するが、このほか職責違反（職務違反）も含まれると解されている。このような解釈に立てば、本件救急救命士の行為は第2号にいう犯罪に該当するとしても、（救命法第53条第2号）、緊急避難が認められ、違法性が阻却された場合には、その犯罪性は否定される。しかし、救急救命士の職務違反にあたることは明らかであるから、その限りにおいて第2号の処分要件に該当し、免状取消処分等の対象となり得ると解される。処分の決定は、労働厚生大臣の裁量に委ねられているが、処分を行うにあたっては、事前に被処分者に対し聴問の手続をとることが求められている（行政手続法第13条第1号）。その際には、緊急に傷病者の人命を救うために他にとるべき手段がなく、やむを得なかった事情を説明し、処置の妥当性を主張することができる。

Q20 救急救命士が特定行為（除細動等）を必要とする重度傷病者に対し、これを行わなかった場合、どのような法的責任を問われることになるか。

特定行為の不作為と救急救命士の法的責任

A

　救急救命士が除細動等の特定行為を必要とする重度傷病者に対し、これを行わなかった場合としては、通常、救急救命士が重度傷病者に対し特定行為を行う必要があると判断し、医師の具体的な指示を受けるべく可能な限りの努力をしたが、医師との連絡がとれなかったため、結果として特定行為を行い得なかった場合が想定される。したがって、このような場合を前提として特定行為不作為の法的責任について考えてみることにする。

1　刑事責任

　救急救命士が特定行為の不作為によって重度傷病者の症状を悪化させ、刑法上の業務上過失致死傷罪等の作為犯が成立するためには、救急救命士に重度傷病者を救護するという作為義務が存在することがその前提となる（不眞正不作為犯の成立要件）。

　ところで、救急救命士には、その職務上、重度傷病者を救護する作為義務があるとしても、医師の具体的指示が得られない以上、重度傷病者に対する特定行為は救急救命士法に違反し、行い得ないのであるから、このような具体的事情のもとでは、特定行為の不作為による救護義務違反を構成しないことになる。

したがって、仮に特定行為を行わなかったことにより重度傷病者の症状が悪化したとしても、業務上過失致死傷罪等の刑事責任は問われないものと考えられる。

なお、現実にはあり得ないことではあるが、救急救命士が、特定行為を行うべき重度傷病者に対し、特段の理由がないのにこれを怠った場合、あるいは医師の具体的な指示を受けることが可能であったのに、これを怠った場合など、特定行為を行わなかったことにつき、正当な理由が認められない場合には、不作為による作為犯として、傷害罪（刑法第204条）、傷害致死罪（刑法第205条）、業務上過失致死傷罪（刑法第211条）など成立が考えられる。ただし、この場合、特定行為の不作為と重度傷病者に対する傷害、傷害致死等との相当因果関係を立証することは、可成り、困難を伴うものとされている。

② 国家賠償責任

救急救命士が重度傷病者に対し特定行為を行わなかったことにより、同傷病者の症状が悪化するという結果が発生したとしても、救急救命士は、医師の具体的な指示を得られない限り、救急救命士法により適法に特定行為を行い得ないのであるから、救急救命士には、このような結果を回避する可能性がない。そうである以上、結果回避義務がなく、回避義務違反（注意義務違反）としての過失が生ずる余地がない。

したがって、救急救命士の特定行為の不作為には過失および違法性がないことになるから、特定行為の不作為と重度傷病者の症状の悪化との間の相当因果関係の有無について詮索するまでもなく、国家賠償法第１条の賠償要件に該当せず、市町村の賠償責任は生じないものと考えられる。

Q21 救急自動車の車内に収納した傷病者の所持品を誤って破損・紛失または盗難にあった場合、救急隊員はどのような法的責任を問われることになるか。

傷病者の所持品の破損・紛失等と救急隊員の法的責任

A

本件事案のような場合、救急隊員の法的責任については、国家賠償責任と刑事責任の両面から考えることができる。

1 国家賠償責任

国家賠償法第1条第1項に基づく国家賠償責任は、「公権力の行使に当る公務員が、その職務を行うことについて、故意又は過失によって違法に他人に損害を加えたこと」によって成立するが、救急隊員が、傷病者の所持品を救急車に収納する行為は、公権力の行使に該当し、その破損や紛失等を回避することが可能であるのに（回避可能性の存在）、不注意により（回避義務違反）破損・紛失等があったと認められた場合には、救急隊員に過失・違法性（不適切）があったことになる。そして、過失によって所持品の破損・紛失等があったとされる以上、当然に過失と損害の発生との間には、相当因果関係が認められる。

したがって、このような場合、救急隊員は、国家賠償法第1条第1項に基づく賠償責任を問われることがあり得る。

一方、傷病者の所持品の破損・紛失等が救急隊員にとって回避不可

能、つまり不可抗力によるものであるときは、回避義務違反（過失）がなく、賠償責任は免れることになる。

② 刑事責任

　救急隊員が占有・管理する傷病者の所持品を破損した場合、通常、故意に行われることは考えられない。したがって、過失によって行われたものとして考えてみると、救急隊員の器物損壊罪（刑法第261条）は成立しない。同罪は故意犯であり、過失による場合は犯罪を構成しないからである。また、誤って紛失した行為および盗難にあった行為については、いずれもこれを処罰する刑法上の規定は存在しないから、この場合も犯罪を構成しない。
　したがって、いずれの場合も刑事責任を問われることがない。

Q22 いわゆる転院搬送は、救急業務の範囲に含まれるか。

転院搬送の救急業務性

A

　いわゆる「転院搬送」というのは、医療機関に収容されている傷病者を他の医療機関へ搬送することである。このような意味での転院搬送が救急業務の対象となるか否かについては、従来、「一般の入院患者の症状悪化による転院は、消防法第2条第9に定める救急業務の対象ではない。」(昭和41年12月17日自消丙教発第148号、福岡民生部長あて消防庁教養課長回答)とされ、消防法上の義務として行うものではないとされていたが、その後、「医療機関に搬送され、初療の後であっても、当該医療機関において治療能力を欠き、かつ、他の専門病院に緊急に搬送する必要があり、他に適当な手段がない場合は、要請により出動はすべきものと解する。」(昭和49年12月13日消防安第130号、広島県総務部長あて消防庁安全救急課長回答)との見解が示され、一定の要件のもとに行われる転院搬送については、解釈上消防法第2条第9項に定める救急業務の対象となることを示している。

　傷病者が救急隊によっていったん医療機関へ搬送されたとしても、当該医療機関に当該傷病者を治療する能力が欠けている場合には、実質上、救急隊によって医療機関に搬送されたことにならないから、他の専門病院に緊急に搬送する必要があり、しかも、他に適当な搬送手段がない場合は、まさに消防法第2条第9項にいう「医療機関へ緊急に搬送する必要があるものを、救急隊によって医療機関へ搬送すること。」にほかならないからである。

以上のような救急業務に該当しないような転院搬送の場合、すなわち、第三次医療機関の空床確保のための第二次医療機関への転送、あるいはＣＴ検査などのための一時的な転送などのサービス的転院搬送については、法的な問題から離れた行政運用上の問題であるから、ここでは深入りはしない。ただ、救急業務に該当しないサービス業務としての転院搬送である以上、当然に緊急運行権（法第35条の８第１項）やサイレンの吹鳴は認められないし、医師が同乗したとしても救急業務協力者とみることもできない。また、道路交通法上の緊急自動車とみることもできない（道交法第39条等）。

Q23 救急隊が緊急要請のあった住宅に急行したところ、応答がなく、かつ出入口が施錠されており、内部の状況を確認することができなかった。念のため司令室に確認したところ現場は、通報者のいう住所・氏名と一致していた。救急隊は、傷病者の症状と搬送の必要性の有無を確認するために他にとるべき方法がなかったので、やむを得ず必要最小限度の措置として窓ガラスを破って屋内に進入することにしたが、このような措置は、法的に許されるのであろうか。

傷病者を搬送するための窓ガラスの破壊と救急隊の適法性

A

本件事案についての法律問題は、刑事責任と国家賠償責任の両面から考えることができる。

1 刑事責任

救急隊が窓ガラスを破って家屋内に進入する行為自体は、外形上「正当な理由がないのに人の住居に侵入した」ものとして刑法第130条の住居侵入罪を構成し、また、窓ガラスを破ったことについては、「他人の物を破壊した」ものとして刑法第261条の器物損壊罪を構成す

る。しかし、救急隊のこれらの行為は、救急要請を受けた救急隊が傷病者を医療機関に搬送し、その生命・身体を救うために行われたものであるから、正当な業務に該当し、「法令又は正当な業務による行為は、これを罰しない。」と定めた刑法第35条により違法性が阻却される。一方、傷病者の生命・身体を救うためには、窓ガラスを破壊し、家屋内に進入する以外に方法がなかったとすれば、刑法第37条にいう「自己又は他人の生命、身体、自由又は財産に対する現在の危難を避けるため、やむを得ずにした行為」に該当し、傷病者の生命・身体と住居への侵入および窓ガラスの破壊とを比較衡量した場合、前者が優先されることは明らかであり、同条にいう「これによって生じた害が避けようとした害の程度を超えなかった場合」に該当する。

したがって、救急隊のこれらの行為は、刑法第37条にも該当し、違法性が阻却される。

かくして、救急隊が窓ガラスを破壊して住居内に進入し、傷病者の生命・身体を救う行為は、正当な業務行為および緊急避難行為として違法性が阻却され、犯罪を構成しない。

2 国家賠償責任

国家賠償責任は、「公権力の行使に当る公務員が、その職務を行うについて、故意又は過失によって違法に他人に損害を加えた」ことによって成立する（国賠法第1条第1項）。ところで、本件事案の場合、救急隊が救急活動として救急現場に急行することは公権力の行使たる職務の執行に該当するが、救急隊員による窓ガラスの破壊行為は、傷病者の生命・身体の安全を確保するためのやむを得ない措置、すなわち他にとるべき方法がない場合の措置である以上、窓ガラスの破壊という結果について回避することが不可能であったことになり（不可抗力的措置）、そうであれば、結果回避義務違反（注意義務違

反・不注意)が成立せず、したがって、救急隊の過失は存在しないことになる。

また、窓ガラスの破壊が傷病者を救うためのやむを得ない措置であるとすれば、その措置の内容は適切であったと考えられ、違法性がないことになる。したがって、救急隊が傷病者を救うために行った窓ガラスを破壊しての住居侵入行為は、国家賠償責任の要件に該当せず、賠償責任がない。

Q24 救急隊が傷病者を搬送中交通事故を起こし、傷病者に損害を与えた場合、どのような法的責任を負うことになるか。

> 救急車の交通事故により傷病者に損害を与えた場合の法的責任

A

　救急車の交通事故により傷病者に死傷等の損害を与えた場合の法的責任については、自動車損害賠償保障法第3条による自動車損害賠償責任および国家賠償法第1条第1項または第2条第1項による損害賠償責任ならびに運転者個人の業務上過失致死傷罪（刑法第211条）の刑事責任が考えられる。

1　自動車損害賠償保障法第3条による自動車損害賠償責任

　自動車事故による加害行為については、民法第709条の不法行為に基づく損害賠償責任規定の特別規定として設けられた自動車損害賠償保障法（以下「自賠法」という。）第3条が適用される。すなわち、同法第3条は、「自己のために自動車を運行の用に供する者は、その運行によって他人の生命又は身体を害したときは、これによって生じた損害を賠償する責に任ずる。ただし、自己及び運転者が自動車の運行に関し、注意を怠らなかったこと、被害者又は運転者以外の第三者に故意又は過失があったこと並びに自動車に構造上の欠陥又は機能の障害があったことを証明したときは、この限りでない…。」とし、運行供用者の賠償責任（運行供用者責任）を定めている。この規定は、すべ

ての自動車に適用され、救急車の場合もその例外ではない。

　ところで、ここにいう「自己のために自動車を運行の用に供する者」とは、通常、「運行供用者」と呼ばれ、自動車を所有し、利用している者が一般にこれにあたる。「運行」とは、人又は物を運送するとしないとにかかわらず、自動車を当該装置の用い方に従い用いることを意味し（自賠法第2条第2項）、走行だけに限定されない。損害賠償の対象となる損害は、被害者の生命または身体に対する加害に限定されているが、運行供用者（加害者側）に故意・過失および違法性があることを賠償の要件としていないから、被害者（被害者死亡の場合はその遺族）は、生命または身体に損害を受けたことだけを立証し、運行供用者に対し損害賠償を請求することができる。

　これに対し、運行供用者がその責任を免れるためには、免責理由として、自己に過失がなかったこと、被害者側に過失があったことなどを立証しなければならないが、その立証は現実に困難であることから、運行供用者責任は、実質上、無過失責任であるとされている。

　以上のことから、救急車の交通事故により傷病者の生命または身体に損害を与えた場合で、傷病者（傷病者死亡の場合はその遺族）からの請求があったときは、免責事由を立証することができない限り、自賠法第3条により、救急隊の属する市町村が運行供用者として賠償責任を負う。なお、損害を受けた傷病者に過失があった場合には、自賠法第4条により民法第722条第2項の過失相殺規定適用され、市町村は、負傷者に過失相殺を主張することができることになっている。しかし、傷病者の過失は通常考えにくい。

　また、傷病者は、別途交通事故を起こした相手方の自動車の運行供用者に対しても自賠法第3条に基づく損害賠償を請求できることは当然である。

② 国家賠償法第1条・第2条による損害賠償責任

　救急車の交通事故が運転者の過失によるものであるときは、公権力の行使にあたる救急車の運転の過程において、運転者の過失により違法（不適切）に傷病者に損害を加えたものとして、国家賠償法第1条第1項により、また、救急車のブレーキの故障など救急車そのものの故障や欠陥によるものであれば、公の営造物にあたる救急車の管理に瑕疵（欠陥）があったものとして、同法第2条第1項により救急隊の属する市町村の賠償責任が問われることになる。しかし、現実には、自賠法第3条に基づく運行供用者責任が問われる場合が多いとされる。

③ 運転者個人の刑事責任

　救急車の運転者の過失により交通事故が発生し、搬送中の傷病者に死傷等の結果が発生した場合、当該救急車の運転は、救急隊員の職務上継続して行う事務、すなわち業務にあたるから、「業務上必要な注意を怠り、よって人を死傷させた」とする業務上過失致死傷罪（刑法第211条）の構成要件に該当し、その刑事責任が問われることがあり得る。

Q25 救急隊は、医療機関の選定について、どのような場合に法的責任を問われることがあるか。

救急隊の医療機関の選定と法的責任

A

① 医療機関選定の基本

　救急隊が傷病者を医療機関に搬送する場合、医療機関の選定方法について消防法は特段の定めをしていない。したがって、医療機関の選定については実務上救急隊の判断に任せられている。実務上の運用としては、①傷病者の症状に適応した医療を行い得る最も近い医療機関を選定することを原則とし、②傷病者の重症度に応じて二次、三次医療機関の選定を考慮し、③傷病者および家族などから特定の医療機関への搬送を依頼された場合には、傷病者の症状を勘案し、判断するものとされている(「救急科テキスト」)。

② 医療機関の選定と法的責任

　救急隊が医療機関の選定について、国家賠償責任あるいは刑事責任(業務上過失致死傷)などの法的責任を問われることがあるとすれば、救急隊の選定に過失・違法(不適切)があり、これに起因して傷病者の症状を悪化させた場合が考えられる。
　例えば、事故の形態や傷病者の症状などから、これに適応した医療を行い得る近くの収容可能な医療機関に搬送すべきであるのに、傷病

者の適確な病態観察を誤り、明らかに不適応な医療機関に搬送したり、重篤な傷病者を観察しながら、合理的な理由なしに近くの収容可能な救命救急センターに搬送せず、不適応な他の医療機関に搬送し、これに起因して傷病者の症状を悪化させた場合、あるいは当初選定した医療機関から満床等の理由で受入れを拒否されたが、次の適応した医療機関を探す努力を怠っていたことなどにより傷病者の症状を悪化させた場合などが考えられる。しかし、高度な救急知識および技術の修得と使命感をもった救急隊が通常、このようなミスや怠慢な行動をとるようなことは考えられない。

　したがって、救急隊は、傷病者の症状に適応した適切な医療機関の選定に最善の努力をしている限り、たとえ、受け入れてくれる医療機関がみつからなかったとしても、法的責任を問われることにはないと考えられる。

　なお、医療機関の選定について、救急隊の過失が認められる可能性が殆ど考えられないのは、救急隊による傷病者の搬送行為と医療機関との法的な関係にも原因がある。

　すなわち、救急隊による傷病者の搬送行為は、医療機関に対し傷病者の受入れを強制することができず、医療機関が傷病者を任意に受け入れてくれることを期待して行われるものであるから、任意行為の性質を有する。したがって、救急隊による傷病者の搬送行為は、医療機関が傷病者を任意に受け入れてくれることによって成り立っている。このように、救急隊による傷病者の搬送行為と医療機関との関係は協力関係にあり、救急隊が選定した医療機関から傷病者の受入れを拒否された場合には、その理由のいかんを問わず救急隊は、受入れを断念せざるを得ない。

　そうである以上、傷病者の受入れ拒否に起因して傷病者の症状が悪化した場合、その拒否の当否についての法的責任は、医療機関側にある。

③ 傷病者等から特定の病院に搬送するよう依頼があった場合の対応

　傷病者本人またはその家族から特定の病院に搬送するように依頼があった場合であっても、その依頼に合理的な理由があると認められる場合を除き、原則として救急隊の判断により、傷病者の症状に適応した病院を選定するのが一般的な運用と思われる。「合理的な理由」とは、傷病者が、かつて同一の症状について治療を受け、病院側が病状の経緯、内容等について知悉している場合とか、一定の病状が発生した場合に、かかりつけの病院に来院するよう担当医から指示されていた場合などが考えられるが、このような理由があって、かつ、特定の病院までの時間的、距離的事情等から傷病者の症状に危険が生ずるおそれがないと判断された場合に限定されよう。いずれにしても、救急隊による傷病者の搬送は、公の機関による無償のサービス業務であって、民間のタクシーなどによる有償の運送契約（この場合は、その性質上傷病者の意思により病院が選定される）と異なり、依頼に応じなかったこと自体、救急隊の責任問題に発展することは、通常考えられない。

Q26 救急隊員の応急処置を傷病者またはその家族が拒否した場合、救急隊員としてどのように対処すればよいか。

傷病者・家族が救急隊員の応急処置を拒否した場合の対応

A

傷病者またはその家族が救急隊員の応急処置を拒否した場合の対応については、傷病者等が搬送を拒否した場合と基本的には異なるところがない。すなわち、正常な判断能力を有する傷病者が、その意思で応急処置を拒否した場合は、原則として、応急処置を強行することができない。ただし、自殺を図った傷病者のように、傷病者の意思が公序良俗に反するような場合には、その意思を無視して応急処置を行うことができ、また、傷病者に正常な判断能力があるか否か不明な場合や判断能力がないことが明白な場合には、たとえ拒否があったとしても応急処置を行うことができる。

(1) 正常な判断能力のある傷病者が応急処置を拒否した場合

この場合には、傷病者の拒否の理由を問い質し、その理由に医学的な根拠がなく、正当性が認められない場合には、傷病者の症状や応急処置の必要性などについて十分に説明し、応急処置を受け入れるよう説得することが必要である。それでもなお傷病者が真意からこれを拒否するときは、救急処置を断念せざるを得ない。

この場合、救急隊員が応急処置を行わなかったとしても、傷病者から応急処置を拒否されたことにより、救急隊員には結果の回避可能性

がなく、結果の回避可能性がない以上結果回避義務違反としての過失はあり得ず、違法性もない。

したがって、救急隊員が応急処置を行わなかったことにより傷病者の症状が悪化したとしても、国家賠償法第1条第1項の賠償要件に該当せず、救急隊員の賠償責任は生じないことになる。

② 同乗した家族が応急処置を拒否した場合

傷病者が正常な判断能力をもっている場合に、同乗の家族（親権者を除く。）が医学的に必要な応急処置を拒否しても、その拒否は法的に効力がなく、また、傷病者が低学年の学童または幼児の場合で、その親が応急処置を拒否したときは、親にこれらの者に対する監護権（保護・監督権）があるとしても、拒否の理由に正当性がない限り、公序良俗（社会的妥当性あるいは社会的道徳性）に反する行為（民法第90条）としてこれを無視し、応急処置を行うことができる。そもそも、搬送中の傷病者に対する救命の一次的責任は救急隊にあり、その救急隊が医学的な見地から必要と判断した応急処置について、親の拒否を排して強行しても、刑法第37条の緊急避難の法理から、正当な行為として違法性が阻却されるものと解される。また、国家賠償法上も救急隊のこのような措置には過失および違法性がなく、賠償要件に該当しないものと思われる。

Q27 傷病者が救急隊による搬送を拒否しても、搬送を強行できる場合として、どのようなケースが考えられるか。

傷病者の搬送拒否に対する強行措置

A

　傷病者の搬送等の救急業務は非権力的事実行為の性質を有することから、傷病者側から要請があった場合またはその同意や了解のもとに行われるのが原則であるが、次のような場合には、たとえ傷病者等の拒否があったとしても、搬送を強行し、あるいは有効な拒否がなかったものとして取扱い搬送を行うことが可能と思われる。

① 傷病者の生命が危険な状態にある場合

　傷病者の症状からその生命が危険な状態にあり、一刻も早く必要な応急処置と医療機関への搬送を行わなければならない状況にある場合に、傷病者の搬送を強行することは、傷病者の生命を守る見地から傷病者の意思に優先する行為として正当性を有し、正当な業務行為として違法性が阻却される（刑法第35条）。

② 意思無能力者が搬送を拒否した場合

　小学校の低学年の学童や幼稚園の園児など行為の是非善悪を判断する能力のない傷病者が搬送を拒否した場合は、その拒否は無効な意思表示、つまり拒否がなかったものとして搬送を強行することができる。ただ、この場合の実務上の運用としては事を円滑に運ぶため、傷

病者の法定代理人（親権者＝両親など）に連絡をとり、了解を得ておく配意が必要である。

③ 搬送を拒否した傷病者の真意が不明確である場合

　一応搬送を拒否したものの、その是非を弁別できる状態で拒否したものかどうか、その真意が不明確で、かつ、傷病者の症状から緊急に搬送の必要が認められるときは、正常な意思能力に欠け、真意から拒否していないものとみなし、搬送を強行してもさしつかえないと思われる。後日、当該傷病者の搬送について、その是非が問題となったとしても、緊急避難の法理により、現存する傷病者の生命、身体の危険を守るためにやむを得ず行われた措置の適法性を主張することが可能だからである。

④ 自殺を図った傷病者が搬送を拒否した場合

　自殺を図って睡眠薬を多量に服用した場合など自殺の意思が確認された場合、その意思は公序良俗（社会的妥当性・倫理性・道徳性）に反する意思であるから、たとえ当該傷病者が明確に搬送を拒否したとしても、強制的に搬送することが可能である。

Q28 傷病者が搬送を拒否した場合、救急隊は、法的責任を問われないための対応として、どのような措置をとっておくべきか。

傷病者の搬送拒否とその対応措置

A

　救急業務は、非権力的な事実行為の性質を有するいわゆるサービス的な業務に属することから、傷病者の容態観察の結果、明らかに生命の危険が生じているなど緊急性が認められる場合以外は、原則として、傷病者の意思を尊重し、その要請、同意または了解などのもとに行われるべきものである。

　救急業務実施基準第12条が、「隊員は、救急業務の実施に際し、傷病者または関係者が搬送を拒んだ場合は、これを搬送しないものとする。」と定めているのはこのような趣旨に基づくものと思われる。

　ところで、傷病者の搬送拒否事案は、その事柄の性質上、不搬送による傷病者の症状の悪化等の結果と結びつく可能性が秘められていることから、その運用にあたっては、傷病者の不搬送についてその正当性を十分に主張し、立証し得る対応措置をとっておくことが必要である。

① 成人の傷病者が搬送を拒否した場合の対応措置

　搬送を拒否した傷病者が成人で正常な判断能力を有し、かつ、要請のいきさつや客態観察の結果、救急隊員としての一般的知識から、生命に危険を及ぼすような危険性がないと判断できる場合には、搬送拒

否に、応じてもさしつかえないと思われる。

　しかし、傷病者の症状から、医療の必要があると判断される場合には、当該傷病者に対し、再三にわたり搬送および受診等について説得を試み、それでもなお搬送を拒否した場合には、その事実を明確に立証し得るための措置として、不搬送にいたる経緯を救急活動記録票に記載し、搬送を拒否した傷病者の署名または押印を求めておくべきである。この場合、救急隊員の再三にわたる説得にもかかわらず、傷病者が搬送を拒否したものである以上、たとえ不搬送により傷病者の症状が悪化するような結果が発生したとしても、救急隊員には結果回避の可能性がなかったことになり、そうであれば、救急隊員に結果回避義務違反、つまり過失がないことになる。救急隊員に過失が認められない限り、業務上過失致死傷罪（刑法第211条）や国家賠償責任（国賠償法第1条第1項）などの法的責任を問われる余地がない。

　なお、救急業務の性格上、搬送を拒否している傷病者に対する再三の説得とその記録は、救急隊員の対応の正当性あるいは妥当性を立証する最善の手段と思われる。

② 未成年の傷病者が搬送を拒否した場合の対応措置

　未成年（20歳未満）の傷病者が搬送を拒否した場合、当該傷病者個人には意思能力（搬送を拒否することによってどのような結果が生ずるかについて弁識することができる能力）が認められるとしても、一般に未成年者は、その判断能力が不十分であるとみなされていることから（民法第4条）、未成年者の拒否については効力がないものとみなされる。

　したがって、未成年の傷病者の搬送拒否に対しては、客態観察の結果、軽症で医療機関の治療を受けなくとも短期間での自然治癒が予測できるような場合を除き、原則として、医療機関に搬送するのが望ま

しい運用と思われる。

　なお、保護者が近くにいる場合は、当然にその同意を得て行われることになる。もし、保護者が搬送を拒否した場合、保護者に子の監護権（民法第820条）があるとしても、これに基づく拒否は、正当な理由がない限り、公序良俗（社会的道徳性・倫理性）に反し認められないとされている（民法第90条）。

> **Q29** 救急業務協力者に対する災害補償の内容はどのようなものか。また、災害補償はどのような法的性質をもっているか。
>
> 救急業務協力者に対する災害補償の内容とその法的性質

A

1 救急業務協力者に対する災害補償の内容

　消防法第35条の7第1項の規定により市町村が行う救急業務に協力した者が、そのために死亡し、負傷し、もしくは疾病にかかりまたは障害の状態となった場合においては、市町村は、政令で定める基準に従い条例の定めるところにより、その者またはその者の遺族がこれらの原因によって受ける損害を補償しなければならないものとされている(法第36条の3)。「法令で定める基準」とは、「非常勤消防団員等に係る損害補償の基準を定める政令」のことで、当該政令第1条は、損害補償の種類として次の7種類を定めている。

① 療養補償
② 休業補償
③ 傷病補償年金
④ 障害補償(年金または一時金)
⑤ 介護補償
⑥ 遺族補償(年金または一時金)
⑦ 葬祭補償

これらの補償義務者は市町村である。したがって、市町村は、損害の補償を行うために条例を制定しておかなければならない。この場合は、条例の基準は、すべて政令の基準に合致させる必要はなく、全国的にみて著しく均衡を失しない程度であれば、政令の基準をうわまわっても差し支えないものとされている。

② 災害補償の法的性質

　救急業務の協力者に対する損害の補償は、救急隊員の適法な権限の行使として行われた協力要請に応じて救急業務に従事した者が、その過程において偶発的に生じた損害に対する補償であるから、市町村の「結果責任に基づく損害の賠償」(注)というべきもので、損失補償ではない。

　損失補償は、公務員の適法な公権力の行使によって意図的に加えられた損失に対する補償を意味するからである。

(注) 結果責任に基づく損害の賠償

　「結果責任に基づく損害の賠償」とは、違法な公権力の行使によって他人（特定の国民）に損害を加えた場合の損害賠償（例えば、違法な法第5条第1項命令によって受命者に損害を与えた場合の損害賠償—法第6条第2項）または適法な公権力の行使に関連して偶然的に他人に損害が生じた場合の損害賠償をいう。

Q30 救急隊員の救急業務協力要請権とは何か。また、どのような法的性質をもっているか。

救急業務協力要請権の意義とその法的性質

A

1 救急隊員の救急業務協力要請権

　消防法第35条の7第1項は、「救急隊員は、緊急の必要があるときは、事故の現場付近にある者に対し、救急業務に協力することを求めることができる。」と定め、救急隊員に対し、救急業務の協力要請権を付与している。

　その趣旨は、例えば、列車の転覆事故のような集団事故において、担架により多数の傷病者を緊急に救急自動車に搬入する場合などのように、救急隊員のみでは手に負えないような場合において、付近の住民に対して協力を求めることを予想したものとされている。「現場付近にある者」とは、事柄の性質上、迅速に協力を得られるエリアにいる者を指すものと解される。

　救急隊員の協力要請権に類似する消防法上の権限として、火災の現場付近にある者に対する消防吏・団員の消防作業従事命令権がある（法第29条第5項）。前者が協力要請権であるのに対し、後者が、従事命令権となっているのは、救急業務が住民との関係において、非権力的な行政サービスであるのに対し、消火活動が公共の安全秩序の維持を図るための権力的な事実行為（燃焼物に対する実力行使）である点に配意したものであろう。しかし、「協力要請」といい、「従事命令」

といっても、いずれも、消防法上罰則の担保がなく、したがって、その強制性については、両者に実質上の差異はない。

なお、医師に対する協力要請については、本条に基づくものではないが、あらかじめ地元医師会等と協議のうえ、医師の現場への立会診断を求めることができるような措置を講じておくことが望ましいとされている。救急業務実施基準が、第22条第1項において「消防長は、救急業務の実施について、医療機関と常に密接な連絡をとるものとする。」と定めているのは、このような趣旨によるものと思われる。

② 協力要請権の法的性質

救急隊員が、緊急の必要がある場合に、事故の現場付近にある者に対して求めることができる協力要請権は、相手方が任意に協力してくれることを期待して行使されるものであって、強制力がなく、しかも、相手方に対し協力義務を課すわけでもない。すなわち、協力要請権は、強制力をもたない点において任意行為(注1)の性質を有し、また、相手方に協力義務を課していない点において事実行為(注2)の性質を有する。これを総称して非権力的事実行為という。

また、救急隊員の協力要請によって生ずる相手方の負担は、人的応急公用負担(注3)のうちの労役負担(注4)に属する。

なお、救急隊員の協力要請を受けた者が、正当な理由がなくこれに従わない場合、軽犯罪法第1条第8号(注5)に該当し、拘留または科料の対象となる。

(注1) 任意行為

「任意行為」とは、相手方に対して一定の行為（作為また不作為）を行うことを強制するものではなく、相手方の任意の履行、協力または受忍を期待して行う行為をいう。

(注２）事実行為
「事実行為」とは、相手方に対し、直接一定の義務を課すなどの法的効果を有しない意思表示（例えば、立入検査通知書の交付など）または身体や物に対し何らかの力を加える物理的行為（例えば、救急隊員による傷病者の搬送行為や消火活動・破壊消防など）をいう。

(注３）人的応急公用負担
「人的応急公用負担」とは、災害発生時において、急迫の需要に応じ、他にこれを満たす手段がない場合に、特定の公益事業または公益目的のために特定の国民（住民）に課せられる作為、不作為または給付の義務を負担することをいう。

(注４）労役負担
「労役負担」とは、通常、災害発生時等の急迫の場合に認められる労役を提供する義務をいう。

(注５）「軽犯罪法第１条第８号」の内容
風水害、地震、火事、交通事故、犯罪の発生その他の変事に際し、正当な理由がなく、……公務員から援助を求められたのにかかわらずこれに応じなかった者。

Q31 救急業務協力者が誤って第三者に損害を与えた場合、誰がどのような法的責任を負うことになるか。

救急業務協力者の加害行為と法的責任

A

　消防法第35条の7第1項に基づく救急隊員の救急業務協力要請権は、救急隊員が救急現場付近にある者に対し、救急隊の救急業務を補助することについて、協力を求める権限であるから、救急隊員の協力要請に従い、所定の救急業務に協力した場合、当該協力者の行為は、法的には、救急隊員の補助執行(注)として行われる。したがって、この場合、救急隊員が、救急業務協力者を手足として自らの救急業務を行ったことになり、救急隊員がその責任を負う。

　以上のことから、救急業務協力者が誤って第三者に損害を与えた場合には、救急隊員自らが公権力の行使として過失により違法に他人に損害を加えたことになり、当該救急隊員の属する市町村が国家賠償法第1条第1項に基づく損害賠償責任を負うことになる。

(注) 補助執行

　「補助執行」とは、学問上の概念で、法律の規定または職務命令により、第三者または補助機関が権限者の手足として行動することをいい、当該行為は、権限者自らが行ったものとして権限者がその責任を負う。

Q32 救急隊の救急活動において、どのような場合に国家賠償責任を問われることになるか。

救急活動と国家賠償責任の法理

A

1 国家賠償責任の要件

　国家賠償法第1条第1項は、国家賠償責任の要件として、「公権力の行使に当る公務員が、その職務を行うについて、故意又は過失によって違法に他人に損害を加えたとき」と定めている。ここで、「公権力の行使」とは、国家賠償法第2条第1項の公の営造物の設置・管理行為および私経済行為（物品の売買や建物の建築請負契約など）を除くすべての行政機関の行為を意味すると解されている（通説・判例）。したがって、公権力の行使には、消防法上の措置命令のような行政処分などの権力行為のほか、立入検査、危険物の収去、消火活動、いわゆる破壊消防等の権力的事実行為および救急・救助活動等の非権力的事実行為や立入検査結果通知書・警告書の交付等の行政指導など広範囲にわたる行政機関の行為が含まれる。なお、「公権力の行使」には、公権力に該当する行為を行った場合（作為）だけでなく、これを行わなかった場合（不作為）も含まれる。「故意」とは、結果の発生を認識していること。つまりこのような行為を行えば、あるいは行わなければこのような結果が発生することを認識しながら、あえてそのような行為を行うこと、あるいは行わないことをいう。「過失」とは、結果の発生を予見することが可能であり（結果発生の予見可能性）かつ、

結果の発生を回避することが可能であったのに（結果発生の回避可能性）、結果の発生を回避する義務を怠った場合（結果回避義務違反＝注意義務違反＝不注意）をいう。したがって、結果の発生を予見できなかった場合、あるいは結果の発生を予見することができた場合でも、結果の発生を回避できなかった場合は、不可抗力として過失がないことになる。「違法」とは、法令に違反する場合のほか、客観的にみて正当性を欠く場合、つまり不適切あるいは不当（妥当性の欠如）な行為があった場合を指す。「損害」には、物や身体に対する加害行為のほか、精神的な損害も含まれる。損害賠償責任が生ずるためには、故意または過失による違法な行為と損害の発生との間に相当因果関係があることが必要であるが、「相当因果関係」とは、このような行為を行えば、あるいは行わなければ、通常このような結果が起り得るという関係をいう。

② 救急活動と国家賠償責任

　以上の国家賠償責任の要件から、公権の行使に該当する救急隊の救急活動において、不注意により、搬送すべき傷病者を搬送しなかったこと、搬送方法に適切を欠いたこと、傷病者に対し応急処置を行う必要があるのにこれをしなかったこと、あるいは応急処置を行ったがその方法に適切を欠いたことが認められ、これらの原因により傷病者の病状が悪化するなどの損害が生じたとされた場合（相当因果関係の存在）には、救急隊の過失・違法な行為により傷病者に損害を加えたとして賠償責任を問われることがあり得る。この場合、当該救急隊の属する市町村が賠償責任を負う。

　参考までに救急活動と国家賠償責任との関係を図示すると、次のとおりである。

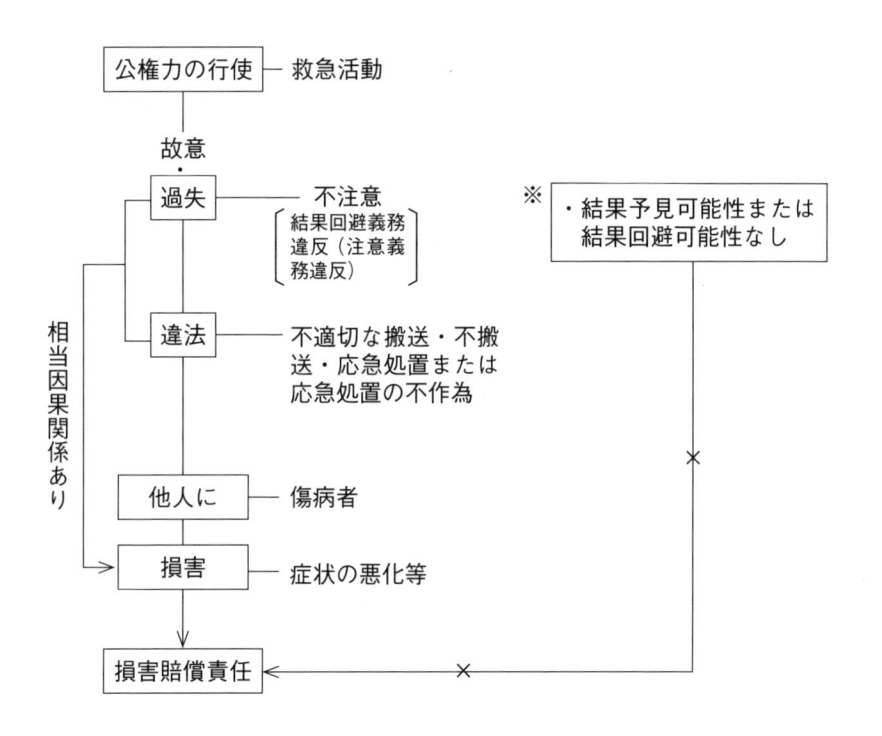

```
公権力の行使 ─ 救急活動
      │
      │ 故意・
      ├─ 過失 ─ 不注意
      │         }結果回避義務
      │          違反（注意義
      │          務違反）
      │
      ├─ 違法 ─ 不適切な搬送・不搬
      │         送・応急処置または
      │         応急処置の不作為
      │
      ├─ 他人に ─ 傷病者
      │
      └─ 損害 ─ 症状の悪化等
            │
            ▼
      損害賠償責任
```

相当因果関係あり

※ ・結果予見可能性または
　　結果回避可能性なし

（※から損害賠償責任への経路に×、※から違法への経路に×）

Q33 救急活動が国家賠償法第1条の公権力の行使に含まれるのは何故か。

救急活動の公権力性

A

　国家賠償法第1条第1項は、「国又は公共団体の公権力の行使に当る公務員が、その職務を行うについて、故意又は過失によって違法に他人に損害を加えたときは、国又は公共団体が、これを賠償する責に任ずる。」と規定し、国家賠償責任の成立要件を定めているが、国家賠償制度の趣旨は、ともかくも、公務員が公権力の行使によって他人（特定の国民）に損害を加えた場合、これを金銭的（財産的）に救済しようとするところにある。そうである以上、損害を加える原因となった公権力の範囲を行政処分等の権力行為(注1)に限定すべき合理的な理由がないことになる。

　このようなことから、国家賠償法第1条第1項のいう「公権力の行使」には、消防法上の措置命令や立入検査などの権力行為だけでなく、救急・救助業務などの非権力的事実行為(注2)、消火活動やいわゆる破壊消防などの権力的事実行為(注3)、あるいは立入検査結果通知書や警告書の交付などの行政指導までも広く含まれることになる。

　このように、救急活動が国家賠償法第1条第1項の公権力の行使に含まれるのは、行政側の行為によって加えられた損害の救済という国家賠償制度の趣旨に由来するものである。

(注1) 権力行為

　ここにいう「権力行為」とは、実力行使、つまり相手方の抵抗を排

除して、一定の権限を強行できること、または行政側の意思が相手方の意思に勝っていること、つまり相手方が行政側の意思に反すれば処罰を受けるという意味での「行政意思の優越性」を指す。

(注2) 非権力的事実行為
　ここにいう「非権力的事実行為」とは、原則として、相手方の意思に反しない限り、その身体に手を触れる（何らかの力を加える）ことができる行為を指す。傷病者の搬送行為や傷病者に対する応急処置などがこれにあたる。

(注3) 権力的事実行為
　ここにいう「権力的事実行為」とは、相手方の意思のいかんにかかわらず（強制的に）、その物に対し実力を行使することができる場合を指す。消火活動、破壊消防、消防水利の緊急使用などがこれにあたる。

> **Q34** 救急隊員が、救急活動中、不適切な処置等によって傷病者に症状の悪化等の損害を与えた場合、救急隊員個人に直接国家賠償責任が生ずるか。
>
> 救急隊員個人の国家賠償責任

A

1 国家賠償責任の本質

　国家賠償法第1条第1項は、「国又は公共団体の公権力の行使に当る公務員が、その職務を行うについて、故意又は過失によって他人に損害を加えたときは、国又は公共団体が、これを賠償する責に任ずる。」と規定し、公務員の違法な加害行為について、国や公共団体が代わって賠償責任を負うことを明らかにしている。このようなことから、通説・判例は国家賠償責任の本質について、公務員の違法な加害行為に対する国や公共団体の代位責任であるとしている（最高裁昭和44年2月18日判決）。

2 国家賠償制度の趣旨

　国家賠償制度の趣旨は、公務員の違法な行為に起因して発生した損害を補てんすること、つまり被害者を金銭的に救済することにあり、公務員個人に対する報復や制裁を目的としていない。

3　公務員個人の賠償責任

　国家賠償責任の本質および国家賠償制度の趣旨から、公務員個人は直接国家賠償責任を負わないとするのが通説および最高裁の一貫した考え方であるが、参考までに最高裁の一連の考え方を掲げると、次のとおりである。

① 「公務員が行政機関としての地位において賠償の責任を負うものではなく、また、公務員個人もその責任を負うものではない。」（最高裁昭和30年4月19日判決—主導的判例）

② 「故意または過失によって違法に他人に損害を与えた場合には、国がその被害者に対して賠償の責に任ずるのであって、公務員個人はその責任を負わないと解するのが相当である。」（最高裁昭和47年3月21日判決）

③ 「公務員個人は、その責を負わないものと解すべきことは、当裁判所の判例とするところである。」（最高裁昭和53年10月20日判決）

　なお、公務員個人が直接賠償責任を負わないことについて、一連の最高裁判決が特に詳細な説明を加えていないのは、国家賠償法第1条第1項の条文解釈上明白であることによるものとされている。

　次に、公務員個人の国家賠償責任を否定する通説の考え方を整理してみると次のとおりである。

①　公務員個人が直接賠償責任を負わないことは、国家賠償法第1条第1項の条文上明白である。

②　公務員個人が直接被害者に対し賠償責任を負うとすれば、「……公務員に故意又は重大な過失があったときは、国又は公共団体は、その公務員に対して求償する権利を有する。」（国賠法第1条第2項）という求償規定は不要のはずである。したがって、このような求償規定が置かれていること自体、被害者に対する公務員

個人の賠償責任を立法的に否定していることになる。
③　国や公共団体が被害者に対して賠償責任を負うことによって、被害者に対する金銭的救済という国家賠償制度の趣旨が十分に達成できる。
④　国家賠償制度の趣旨は、加害公務員に対する報復や制裁等の責任追及を目的としていない。

④　救急隊員個人の賠償責任

　以上の通説および最高裁判例の考え方から、公務員である救急隊員が、公権力の行使としての救急活動（傷病者の搬送・応急処置など）を行う過程の中で、過失による不適切な処置等に起因して傷病者に症状の悪化などの損害を与えたとしても、救急隊員個人は直接賠償責任を負うことはなく、当該救急隊員の属する市町村が賠償責任を負うことになる。

　もっとも、国家賠償請求訴訟において、誰を被告とするかは相手方（被害者側）の自由であるから、希有の例として救急隊個人を被告として訴えを提起することはあり得る。その場合は、被告適格（被告となり得る資格）を欠く不適法な訴えとして却下の抗弁ををすることによってこれに対抗することができる。ちなみに警察官個人に対する国家賠償請求に対し、不適法な訴えであるとして却下された事例として、「やぐら荘国家賠償請求事件判決」（仙台地裁昭和52年6月20日判決）がある。なお、本判決については、仙台高裁に控訴されたが棄却され確定している。

> Q35 救急隊員に対する公務執行妨害罪は、どのような場合に成立するか。
> 救急活動と公務執行妨害罪

A

1 公務執行妨害罪の構成要件

　公務執行妨害罪は、「公務員が職務を執行するに当たり、これに対して暴行または脅迫を加える」ことによって成立する(刑法第95条)。

　本罪は、公務員によって執行される公務そのものを保護することを目的としている(最判昭和28年10月2日刑集7巻10号1883頁)。

2 本罪の主体

　本罪の主体(犯罪者となり得る者)は、必ずしも公務員の職務の執行を受けている者に限らず、職務の執行にあたっている公務員に対して暴行または脅迫を加えた者は、だれでも犯罪者として処罰の対象となる。

3 職務の執行

　「職務の執行」とは、権力的あるいは強制的な内容をもつ権限の行使だけに限定されず、広く公務員が職務上取り扱う事務一般を指すとされている(最判昭和53年6月29日刑集32巻4号816頁)。「職務の執

行に当たり」とは、職務の執行中に限らず、いままさにその執行に着手しようとする場合や職務執行の直後も含まれ、また、職務の性質上待機していることを必要とする場合には、待機自体が職務の執行にあたる（最判昭和24年4月26日刑集3巻5号637頁）。

4 職務の適法性

本罪が成立するためには、職務の執行は適法でなければならない。違法な職務の執行までも保護されるべき理由がないからである。

ところで、職務の執行が適法であるためには、職務の執行が一般的（抽象的）職務権限に属するか、または職務を執行し得る具体的職務権限を有することが必要である。また、職務の執行について一定の方式（手続）が必要とされるときは、その方式（手続）が履践されていなければならない。

「一般的職務権限」とは、例えば、消防組織法第1条に定める消防の任務の範囲内の行為で、相手方の権利・自由の制限等にかかわりのない行為（任務行為）をいい、「具体的な職務権限」とは、例えば、救急業務協力要請権（法第35条の7第1項）などのように作用法である消防法に定められた権限のことである。「一定の方式（手続）が必要とされるとき」とは、例えば、平常時において、個人の住居に対し立入検査を実施する場合に、関係者の承諾を得なければならないことなどがこれにあたる。

5 行 為

本罪の行為は、公務員が職務を執行するにあたり、これに対し暴行または脅迫を加えることである。「暴行」とは、公務員に対して加えられる不法な有形力の行使（物理的行為）を意味するが、直接公務員の

身体に対して加えられることは必ずしも必要ではなく、物に対する暴行であっても、公務員が現に行おうとする行為の自由を害するために、その身体に感得するような作用をもつものであれば、間接的に公務員に対し暴行を加えたことになるとされている（最判昭和26年3月20日刑集5巻5号794頁等）。「脅迫」とは、公務員に対し恐怖心を起こさせるに足る一切の害悪の通知をいい、これによって公務員が現に恐怖したか否かを問わない。

　以上のような暴行または脅迫は、必ずしも、直接に当該公務員自身に対して加えられる場合に限らず、当該公務員の指揮に従い、その手足となってその職務の執行に密接不可分に関与する補助者に対してなされるものでもよく（最判昭和41年3月24日刑集20巻3号129頁）、また、暴行または脅迫は、公務員の職務の執行の妨害となるべき程度のものであれば足り、それによって現実に職務の執行が妨害されたことを必要としない（最判昭和33年9月10日刑集12巻13号3151頁）。

6 故　意

　本罪は故意犯であるが、故意（犯意）の存在は、公務員が職務の執行中であることおよびこれに対して暴行または脅迫を行ったことの認識があれば足り、公務員の職務の執行を妨害する意思があることを必要としない。また、本罪は、行為の動機のいかんを問わないから、公務員に対する個人的な恨みを晴らす目的でなされたとしても本罪が成立する。

7 救急活動に対する公務執行妨害罪

　以上のことを踏まえて、救急隊員の救急活動に対する公務執行妨害罪は、どのような場合に成立するかについて考えてみると、救急業務

の内容は消防法第2条第9項の規定に明定され、救急業務を行う救急隊の編成および装備の基準については消防法施行令第44条に定められている。

したがって、これらの規定に基づいて行われる救急活動は、非権力的活動ではあるが、職務上の行為、すなわち職務の執行にあたる。しかも、一般的（抽象的）職務権限〔救急業務の執行権限規定である消防法第35条の5の規定が、平成15年の消防法の改正（法律第84号）により削除されたため、救急業務の執行は、具体的職務権限から消防組織法第1条の任務規定に基づく一般的（抽象的）権限に変容する。〕に属するから、職務の執行として適法性をもっている。

ところで、職務の執行としての救急活動には、救急事故現場における傷病者の救援活動や医療機関等への傷病者の搬送行為（搬送先の医療機関に傷病者の治療能力がないため、他の医療機関に転送する場合を含む。）はもとより、救急自動車の出場準備の段階（いままさに出場しようとしている場合）も含まれる。また、救急業務は、通常、傷病者側からの要請によってその活動が開始されるものであるから、その性質上、消防署に待機している場合も救急活動にかかる一連の行為として職務の執行にあたる。

したがって、これらの救急活動に関する職務の執行に対し、救急隊員に直接暴行または脅迫を加えた場合のほか、救急自動車や救急資器材などを損壊し、間接的に救急活動を阻害した場合には、当該行為者の公務執行妨害罪が成立する。ただし、再三の説得にもかかわらず、医療機関等への搬送を拒否している傷病者本人や保護者等の意に反して当該傷病者を救急自動車に乗車させようとした際、これらの者から暴行または脅迫を受けたような場合には、公務執行妨害罪は成立しないものと解される。救急活動は、傷病者の同意に基づいて行われる非権力的な事実行為である以上、傷病者等の意に反して搬送を強行しようとすることは、職務の範囲を逸脱した違法な行為とされるからであ

る。

　ただ、自殺しようとする行為については、公序良俗に反する行為であるから、本人が真実拒否しても物理的な行為によってこれをやめさせることは法律上許される。したがって、自殺しようとして睡眠薬を多量に服毒したことが確認されたような場合には、本人の意に反して物理的な力により（強制的に）救急自動車に乗車させ、医療機関等に搬送することは適法な職務行為であると解され、その過程において救急隊員に対する暴行等があった場合には、その限りにおいて公務執行妨害罪が成立する。

　また、傷病者が、酩酊して全く意識がない状態で救急隊員に暴行を加えた場合には、当該行為者には責任能力がないのであるから、刑事責任を問うことはできない。刑事責任を問うためには、行為の是非善悪を弁識し、その弁識に従って行動することができる責任能力のあることが必要とされるからである（民事責任を問う場合も同様である）。

　しかし、例えば、自分が酒を飲めば悪酔いをして他人に害悪を及ぼすことがあることを認識しながら泥酔し、救急隊員に暴行を加えた場合のように、責任能力を欠いた状態で暴行が行われたとしても、その状態を招来したことについて行為者に責任がある場合（「原因において自由な行為」）には、理論上その結果について行為者の刑事責任を問うことができる（最判昭和26年1月17日刑集5巻1号20頁）。

　したがって、このような場合には、救急隊員に対する公務執行妨害罪が成立する。

Q36 救急隊員が救急事故に関し、捜査機関から参考人として事情聴取（供述調書の作成）に応ずるよう依頼があった場合、その法的根拠は何か。

救急隊員に対する参考人事情聴取の法的根拠

A

1 供述調書の意義

供述調書とは、捜査機関が犯罪の捜査の過程において、被疑者や参考人の供述内容を記録して作成した書面のことで、供述録取書ともいう（刑訴法第198条第3項、第223条第2項）。

2 救急隊員に対する供述依頼等の法的根拠

救急隊員に対する供述依頼および出頭の要請は、「検察官、検察事務官又は司法警察職員は、犯罪の捜査をするについて必要があるときは、被疑者以外の者の出頭を求め、これを取り調べ又はこれに鑑定、通訳若しくは翻訳を嘱託することができる。」と定めた刑事訴訟法第223条第1項を根拠として行われ、同条第2項において準用する同法第198条第3項（捜査機関が被疑者の供述を録取する権限）に基づいて参考人としての救急隊員の供述調書が作成される。なお、参考人は被疑者ではなく、供述拒否権をもっていないから、参考人の供述調書の作成にあたっては、供述拒否権を告知する必要はないとされている（同法第189条第2項の反対解釈、最高裁昭和25年6月13日判決）。

Q37 救急隊員は、救急事故に関し、参考人として、捜査機関からの事情聴取に応ずる義務があるか。

参考人事情聴取応諾の要否

A

　刑事訴訟法第223条第1項に基づく被疑者以外の者（参考人）に対する捜査機関の出頭要請や取調べ等は、任意処分であって強制力がない。

　したがって、出頭要請等に応ずるか否かは法的には当事者の自由であり、仮に応じなかったとしても罰則の適用はない。

　なお、刑事訴訟法第223条第2項において準用する同法第198条第1項ただし書によれば、参考人は、出頭を拒むことができ、また、出頭後もいつでも退去することができることになっている。

　以上のように捜査機関からの供述依頼等に対し、これに応諾するか否かは法的に自由であり、これを拒むことも法的に保障されていることから、最終的には当該救急隊員の所属する消防署の署長の裁量に委ねられる。しかし、行政的には、救急業務に支障がない限り、官公署として当該依頼に協力することが望まれる。

　なお、供述等の依頼は、実務上、刑事訴訟法第197条第2項に基づき、救急隊員に供述を依頼する旨を記載した「捜査関係事項照会書」の交付によって行われているようである。

Q38 救急隊員が救急事故に関し、参考人として事情聴取を受け、捜査機関に供述する場合、どのような点に留意すればよいか。

救急隊員が参考人として捜査機関に供述する場合の留意事項等

A

　救急隊員が参考人として事情聴取を受け、供述する場合の基本的な留意事項等としては、次のような点があげられる。
(1) 事前準備
　供述を求められた事項について的確に供述できるようあらかじめ救急活動に関する記録（関係書類）などによりその概要を把握し、記憶を整理しておくこと。
　なお、供述の録取については、消防署の庁舎において行ってもらいたいこと、その際に上司の立会いを認めてもらいたいなどの希望があれば、事前に捜査機関に連絡しておくこと。
(2) 供述する場合の注意事項
　ア　直接、見聞、観察または処置した客観的事実で、かつ、記憶している事実の範囲内において、質問された事項についてのみ簡潔、かつ、正確に供述すること。
　イ　記憶があいまいな事項や推測的事項については、その旨をことわって供述するとともに、個人的な意見等は差し控えること。
　ウ　質問の趣旨がはっきりしない場合は、問い質し、その趣旨を理解したうえで供述し、記憶にない事項については、その旨を申し

述べること。
エ　傷病者個人のプライバシーに関する事項についての供述は、差
　　し控えること。
(3)　供述調書の内容の確認と記録
　供述調書の作成後、捜査機関から供述内容の確認と署名・押印を求められた場合、記載事項に誤りがあったり、供述した趣旨と異なる記載があったときは、その訂正を求めておくこと。
　また、供述内容については、後日裁判所から証言を求められることが予測されるので、その供述内容の概要を記録しておくこと。

Q39 救急隊員が担当した救急事故に関し、裁判所から証人として証言を求められた場合、出頭義務が生ずるか。また、証人として証言する場合、どのような点に留意すればよいか。

証人として証言を求められた救急隊員の出頭義務と証言する場合の留意事項

A

1 証人として証言を求められた場合の出頭義務

　救急隊員は、担当した救急事故に関し、刑事事件については刑事訴訟法第143条により、また、民事事件については民事訴訟法第190条により公判廷において証人として尋問されることがある。証人の供述した内容を証言という。証人尋問については、事前に裁判所の呼出状により出頭を求められることになるが、この場合、当該救急隊員には出頭義務が生じ、正当な理由なく出頭しないときは、10万円以下の罰金または拘留に処せられる（刑訴法第151条第1項、第150条第1項、民訴法第193条第1項、第192条第1項）。また、裁判所の決定により10万円以下の過料の対象となる。

　ただ、指定された期日に避けることができない行事等が予定されている場合は（例えば、結婚式、研修会など）には、その旨を事前に裁判所に連絡し、期日の変更を求めることができる。

　なお、裁判所からの呼出状があった後、裁判所に証人申請をした代理人から証人尋問についての事前打合せの申出があった場合、これに

応ずるか、公平・中立な立場で証言したいとしてこれを断るかは全く当人の自由であるが、後者のスタンスに立つのが妥当な対応とされている。

② 公判廷において証言する場合の基本的な留意事項

公判廷において、救急隊員として証言する場合の基本的な留意事項としては、次のような点があげられる。
① 数年前の事故について証言を求められることがあるので、事前対策として当時の救急活動記録票などの関係書類により事実関係を確認・整理しておくこと。
② 自ら体験した傷病者の搬送や応急処置などについて、記憶に従って正確、かつ、客観的に（ありのままに）証言すること。自己の記憶に従って証言する限り、たとえ記憶していることに間違い（記憶違い）があったとしても偽証の問題が生ずることはない。偽証とは、記憶に反する証言、すなわち、故意に記憶していることと違ったことを証言することだからである（通説）。
③ 実際に見聞していないことを推測で答えるようなことをしないこと。
④ 医師の領域に属する傷病者に関する医学的判断事項については、証言を差し控えること。
⑤ 尋問の趣旨がよくわからない場合は、聞き直すなどして尋問の趣旨を理解したうえで答えること。
⑥ 尋問の範囲内の事項、つまり聞かれた事項についてのみ簡潔に答えること。
⑦ 証言する際には、メモや救急活動記録票などのコピーを見ることができないこと。
⑧ 証人に対する威嚇的、あるいは侮辱的な尋問が行われる場合が

あるが（特に刑事事件の場合、その傾向が強い）、これに動ずることなく、冷静さを保ち、毅然たる態度で証言すること。
⑨　尋問事項について記憶にない場合（忘れてしまった場合）は、無理して答えようとせず、失念した旨を正直に答えること。

なお、公務員の職務上の秘密(注)について尋問する場合、裁判所は、当該監督官庁に承認を得なければならないことになっている（民訴法第191条）。また、公務員は、職務上の秘密事項について証言を拒否することができる（同法第197条第1項第1号）。しかし、拒否の要件は厳格で、「公共の利益を害し、又は公務の遂行に著しい支障を生ずるおそれがある場合」（同法第191条第2項）となっていることから、現実に拒否できるケースは極めて少ないものと思われる。

（注）秘密

「秘密」とは、一般に知られていない事実で、知られることにつき不利益があると客観的に認められるものをいうが、ここにいう「職務上の秘密」とは、公的な秘密、すなわち、一般に知られることが行政上不利益となるものを指す。

Q40 救急出動事案について報道機関から取材の要請があった場合、消防機関は法的にこれに応じなければならないか。また、取材に応ずる場合、どのような事項を公表すべきか。

> 救急事案に関する報道機関の取材要請と消防機関の応承義務・取材に応ずる場合の公表事項

A

1 報道機関の取材要請に対する消防機関の応承義務

　憲法第21条第１項によって保障されている報道機関の報道の自由およびそのための取材の自由は、あくまでもこれらの自由が公権力によって不当に制限されないという保障が与えられているだけであって、報道機関に情報の提供を要求し得る具体的な権利が与えられているわけではない。すなわち、報道機関の取材活動は、それ自体消防機関に対する任意の協力要請にすぎない。

　したがって、消防機関は、法的には、報道機関からの取材要請に対しこれに応ずる義務はなく、取材を拒否しても法律上問題となることはない。取材に応ずるか否かは消防機関の裁量事項に属する。

　ただ、報道機関は、一般市民の知る権利を背景として取材活動を行っていることから、無下に拒否することは、裁量の適否の観点からその妥当性を問われることはあり得る。

② 報道機関の取材に応ずる場合の公表事項

　救急出動事案に関する取材要請に対して、どのような内容を公表すべきかの裁量の問題は、具体的事案に応じ、傷病者のプライバシーの権利と一般市民の知る権利という二つの相対する権利を比較衡量していずれの権利を尊重すべきかを決定しなければならない。「プライバシーの権利」とは、憲法第13条の幸福追求権を根拠とするもので、個人の私生活をみだりに他人に公開・公表されないという法的な保障ないし権利をいい、その侵害は、不法行為として民法第709条に基づく損害賠償の対象となる（東京地裁昭和39年9月28日判決）。一方、「知る権利」とは、報道機関等を通じまたは直接に一定の情報を妨げられることなく受け取ることができる権利あるいは一定の情報の提供を要求し得る国民の権利を意味するが、救急業務は、サービス業務という性格をもっていることから、両者の比較衡量にあたっては、一般に傷病者のプライバシーの権利の保護が重視される。

　したがって、消防機関が報道機関の取材に応ずる場合の公表事項は、一般に、救急隊の出動年月日、救急要請から帰署までの所要時間、傷病者の年齢・性別、救急出動した救急隊の所属名などの客観的事実に限定される。傷病者の氏名については、犯罪にかかわりのない限り、プライバシーに属する事項であるから、これを公表することは、プライバシーの権利の保護の見地から避けるべきである、と考えられる。

　なお、救急活動記録票などの内部資料の閲覧やコピー等の要求に対しては、これに応ずる必要はない、とされている。

Q41 救急隊のかかわった交通事故について、保険会社から、被害者の事故当時の状況等について照会があった場合、消防機関としてどのように対応すべきか。

交通事故被害者に関する保険会社からの照会とその対応

A

　保険会社が、被保険者である交通事故にあった被害者の状況について照会することは、プライバシーの侵害には該当せず、しかもその照会は、保険会社として正当な業務に基づくものである。したがって、消防機関は、消防業務に特段の支障のない限り（通常、消防業務への支障は考えにくい）、すでに救急活動記録票等に記載されている範囲内の事項について照会に応ずるのが妥当な対応と思われる。

　ただ、保険会社からの照会事項は、一般に保険者、保険契約者、被保険者、保険金の受取人などの利害に直接かかわりのある性質のものであるから、改めて救急隊員の記憶に基づいて、回答書類を作成する必要はなく、むしろ避けるべきものと考えられる。

Q42 救急隊員の作成する救急活動記録票は、どのような性格をもっているか。

救急活動記録票の性格

A

　救急活動記録票は、作成権限を与えられた救急隊員が、救急活動という公務の内容について、一定の方式に従い、当該救急隊員の名において作成する文書であるから公文書の性格をもち、署名欄に署名した時点で成立する。

　また、同票は、客観的な事実を適確に記載することが要求され、真実に合致しない事実を記載することは許されない。したがって、同票は、証拠調べの手続においては、信用性の高い公文書として証拠能力(注1)が認められ、かつ、裁判官の心証を動かす証明力(注2)も備えているとされている。

　なお、同票が救急救命士の救急救命処置録を兼ねている場合には、5年間の保存義務が課せられる（救命法第46条第2項）。

（注1）証拠能力
　「証拠能力」とは、公判廷において証拠として採用される資格のことをいう。

（注2）証明力
　「証明力」とは、証拠が裁判官の心証（内心的判断）を動かす力のことをいい、民事訴訟では、「証拠力」または「証拠価値」ともいわれている。

Q43 傷病者に係る虚偽通報罪は、どのような場合に成立するか。

傷病者虚偽通報罪の成立

A

1 本罪の構成要件

本罪は、傷病者に係る虚偽通報によって、救急車が無用に出動する危険性を抑止することを保護法益とし、「正当な理由がなく消防署または消防法第24条（第36条第7項において準用する場合を含む。）の規定による市町村長の指定した場所に同法第2条第9項の傷病者に係る虚偽の通報をした」ことによって成立する（法第44条第20号）。

なお、本罪の保護法益および構成要件から、本罪の成立には、虚偽の通報によって救急車が現実に出動したことを要しない。

「正当な理由がなく」とは、違法の意味で、意識的にという故意が含まれる。「市町村長の指定した場所」とは、消防署の出張所、消防団詰所、警察署などが考えられるが、指定の方法は、当該市町村の公告式条例（地方自治法第16条第4項、第5項）の定めるところにより行われる。「虚偽の通報」とは、傷病者が発生した事実がないのに、傷病者が発生したものと偽って通報した場合のほか、傷病者とはいえないことを認識していながら、あえて傷病者であるとして通報した場合を指す。

このように、傷病者に係る虚偽の通報といえるためには、傷病者が発生した事実がないのに偽って通報するか、あるいは傷病者とはいえないことを知りながら、あえて通報したことを必要とするから、傷病

者でないことの認識がない場合、つまり傷病者と勘違いして通報した場合には、本罪は成立しないことになる。

通報の方法については、局番なしの119番通報が最も一般的と思われるが、本罪の保護法益から、この方法のみに限定されない。

② 本罪の主体

本罪は、正当な理由がなく、傷病者に係る虚偽の通報を行った者は、何人も犯罪行為者となる。

③ 本罪と軽犯罪法第1条第16号との関係

軽犯罪法第1条第16号は、「虚構の犯罪又は災害の事実を公務員に申し出た者」を処罰の対象とし、拘留または科料の刑を科している。

同法第1条第16号違反の保護法益は、異常な事態の発生に対処すべき公共の機関が無駄な活動を余儀なくされ、ひいては公共の利益を害することになる行為を防止することにあるとされていることから（伊藤栄樹「軽犯罪法」立花書房154頁）、本罪（法第44条第20号）の保護法益と同趣旨のものと考えられる。

以上のことから、消防機関に対して傷病者が発生した旨の偽りの事実を電話等で申し出た場合には、軽犯罪法第1条第16号の構成要件に該当するとともに、本罪（法第44条第20号）の構成要件にも該当するが、本罪の罰則規定は、軽犯罪法第1条第16号の罰則規定に対し特別規定の関係にある。したがって、特別法（特別規定）優先の原則により、本罪のみが成立することになる。

④ 刑罰

　本罪を犯した者は、30万以下の罰金または拘留に処せられる（法第44条第20号）。

> **Q44** 赤信号の交差点を通過する場合、救急自動車の機関員が左右の安全を確認する義務を怠ったことを理由に損害賠償責任を問われた事例とはどのようなものか。
>
> 救急自動車の機関員が赤信号の交差点を通過する場合の注意義務の範囲

A

1 事件の概要

　昭和42年11月30日、赤信号の交差点をサイレンを吹鳴し、赤色警告灯を点灯しながら左折しかかった救急自動車（O市保有のもので、機関員M）が青信号に従い交差点に直進してきたK運転の乗用車と衝突し、その際同乗していたKの母が右背部打撲症、頸椎鞭打ち症、左股関節打撲の傷害を負った。このため、Kの母（原告）がO市を相手どり、損害賠償を請求する訴えを札幌地方裁判所に提起したものである。

　裁判の結果、救急自動車の機関員Mの過失が認められ、O市が原告に対し慰謝料30万円を含む64万円の賠償金を支払う旨の判決があり、確定している。

　なお、本判決は、Kが救急自動車のサイレンに傾聴し、警告灯に注目してこれを発見し、ひいては、同車を避譲すべき注意義務があったのにこれを怠り、さらには十分な前方注視義務を怠ったことが本件事故発生の一因をなしていたことを認めたものの、被害者側の過失相殺（民法第722条第2項）についてはこれを認めず、慰謝料の算定にあ

たって斟酌するのが妥当であるとしている。

② 判決要旨 (札幌地裁昭和44年11月21日判決—認容)

　救急自動車が救急出動中は、その運行につき他の車両に優先するのであるから、他の車両の運転者が救急自動車の通行を妨げてはならないことはいうまでもない。しかしながら、緊急自動車といえども、赤信号の場合など法令の規定により通常の車輛が停止しなければならない場合には他の交通に注意して徐行すべきものとされている（道路交通法39条2項）。そして、とくに緊急自動車が赤信号の交差点を通過しようとする場合には、交差する道路を通行する自動車の運転者が自車の通行に対する青信号を信頼し、かつ、緊急自動車のサイレン・警告灯などに気付かずに（日中騒音の激しい交差点などにおいては、他の道路を通行中の自動車の運転者が緊急自動車を容易に発見できるとは限らない。）交差点に進入してくることが十分予想されるのであるから、安易に他車両が救急自動車を避譲するものと期待して予測運転することは厳に慎むべきことであって、交差点進入に際しとくに左右の安全を十分に確認したうえで徐行すべき注意義務があるものと解すべきである。そこで、本件についてこれをみてみると、証拠（略）を総合すれば、次の事実を認めることができる。

　Mは、救急自動車である被告車を運転してAらと共に救急出動し、O市奥沢本通りを天神町方面から本件交差点に向いサイレンを吹鳴し赤色警告灯を点灯しながら、毎時40キロメートルの速度で進行してきたが、本件交差点の約70メートル手前（南西）で毎時20キロメートルに減速し、同交差点の南西側横断歩道にさしかかった。そこでMは、前方の信号機が赤色を表示していたので、最徐行しながら自分では主に前方および左側方面を見、本件交差点中央部附近に小型トラック2台が停止しているだけであって安全であることを確認したもの

の、右側の札幌市方面は右地点からは建物の影となるため見通しが極めて悪いのに拘らず、Aが確認したとして安全である旨述べたのを軽信して、自らは同方面を警見したにとどまり、その後は右側方面の交通状況を十分に確認しないまま進行を続けて左折したため、折から札幌方面より小樽駅方面（前記の左側方面）に向い、毎時30キロメートルの速度で青信号に従って本件交差点に直進してきたK運転の普通乗用自動車を発見できず、自車が左折を終了する直前に同交差点の北西側横断歩道附近で右乗用車の左前部扉に自車の右前部を衝突させた。

以上の事実を認めることができる。

そして、右事実によれば、被告車（救急車）の運転者Mが赤信号の交差点に進入するに際し、前記のような左右の安全を確認すべき注意義務を怠った過失により本件事故が発生したことが認められ、被告の運転者無過失の主張は採用できない。したがって、被告の自賠法第3条但書に基づく免責の抗弁は、その他の点について判断するまでもなく失当といわざるをえない。

③ 本判決のポイント

本件事故における被告の責任原因に関する判決のポイントは、次のとおりである。

① 緊急自動車が赤信号の交差点を通過しようとする場合には、交差する道路を通行する自動車の運転者が自車の通行に対する青信号を信頼し、かつ緊急自動車のサイレン・警告灯などに気付かずに交差点に進入してくることが十分予想されること（結果の予見可能性）。

② 交差点進入に際し、とくに左右の安全を十分に確認したうえで徐行すべき注意義務があること（結果回避の可能性と結果回避義務＝注意義務）。

③　被告車（救急車）の運転者Mがこのような注意義務を怠ったこと（結果回避義務違反＝注意義務違反＝過失）。

Q45 転院搬送中の救急車が赤信号の交差点を進行中発生した交通事故について、消防側の賠償責任が否定された事例としてどのようなものがあるか。

赤信号の交差点における救急車の交通事故とタクシー側の賠償責任

A

① 事件の概要

昭和62年2月6日午前10時頃、M消防組合の救急車が転院搬送の要請を受け、急患移送のため、サイレンを鳴らし、赤色灯を回転させ、毎時約40～50キロメートルの速度でS市内を進行し、交差点に差しかかった際、対面信号が赤色を表示していたので減速し、徐行しながら交差点の見通しのきく地点まで進入した。

同進入地点で左右を確認したところ、右方約65メートル先に交差点方向に進行してくるタクシーを認めたが、同タクシーは毎時40～45キロメートルの速度で進行しているものと認められ、その走行に何らの異常を感じさせるものはなかった。

救急車としては、タクシーの走行状況から、赤色灯を回転し、サイレンを鳴らしている救急車に気づき、相応の避譲措置を講じるものと判断し、徐行のまま約8、9メートル進行した地点で再度確認したところ、すでに右方約10メートル地点にタクシーが迫っており、減速もしないで進行してくる状況であったため、加速して衝突を避けようとしたが及ばず、救急車の後部にタクシーが衝突し、双方の車両が損

壊した。

　本件交通事故につき、M消防組合は、タクシー側に緊急自動車に対する前方注視義務違反があったなどとして損害賠償を求める訴えを札幌地方裁判所に提起したが、これに対しタクシー会社は、救急車に交差点における安全確認義務違反があったとして損害賠償を求める反訴を提起したものである。

　裁判の結果、被告（タクシー会社）に対し30万円有余の賠償金の支払いを命ずる判決があり、消防側が勝訴している。

2 判決要旨 （札幌地裁昭和63年9月16日判決）

(1) タクシー運転手Sの過失について

　本件救急車のサイレンは、前方20メートルで94ホーンが測定されるという音量の大きなもので、地上2.12メートルの位置に取り付けられていることが認められ、かかるサイレンの性能、取付位置と本件タクシーの走行していた付近には他に車両はなく、天候は晴で、ことさらに騒音もなかったことよりすれば、高い所で1.7メートル程度の雪山があったことや、S（タクシー運転手）の証言するように本件タクシーがスパイクタイヤを装着し窓を閉じていたことを考慮に入れても、本件救急車が向うのと同一の交差点に向けて走行している本件タクシーが、交差点に進入するまでサイレンを聞き取るのが困難であったとはとうてい認められず、それにもかかわらず本件タクシーが減速せずに交差点に進入していることは、タクシー運転者がこれを聞き逃していたことを推認させるうえ、救急車の運転者Bの右方確認の有無、タクシーが交差点に進入したときの救急車との位置関係、救急車の徐行の有無等についてのB証言の内容は、減速、徐行の動作、安全確認の方法、タクシー発見位置等極めて具体的であって、衝突後停止するまでの救急車の進行態様も、衝突回避のためアクセルペダルを踏

んだとすることに照らせば、徐行して交差点に進入したとするところと何ら矛盾するものではなく、B証言の信用性に疑いをさしはさむべきものはない。右のようなサイレンの性能等及びB証言の信用性に照らせば、S証言は採用できない。

右によれば、本件タクシーの運転手Sは、本件救急車のサイレンが鳴っているのにこれに気付かず、前方注視を怠ったため救急車にも気付かず、漫然と本件タクシーを交差点に進入させたものと認めるのが相当であり、本件事故はSの右過失により生じたものといわざるを得ない。

被告がSをタクシー乗務員として雇用しており、本件事故がその事業の執行中のものであることは当事者間に争いがなく、そうすると、被告は、民法715条により原告に生じた損害を賠償する責任がある。

(2) 救急車の運転者Bの過失の有無について

本件救急車は緊急自動車として運転中のものであったところ、緊急自動車は、法令の規定により停止しなければならない場合においても停止することを要しないが、他の交通に注意して徐行しなければならないとされている（道交法39条2項）。したがって、本件のように前方が赤信号であっても救急車は停止することを要しないが、交差道路を青信号に従って進行してくる車両に注意を払い安全を十分に確認し、徐行する義務がある。しかし、他方、交差点又はその付近において緊急自動車が接近してきたときは、他の車両は交差点を避け、かつ、道路の左側に寄って一時停止をしなければならないとされている（同法40条1項）。

救急車の運転者Bは、交差点の前方の信号が赤であったので、減速しながら交差点入口にさしかかり、徐行の状態で左右の見通しの効く地点に至った際、右方を確認し、衝突地点の約65メートル手前の地点を通常の速度で進行してくるタクシーを認め、その走行に何ら異常を感じなかったので、赤色灯を回転しサイレンを鳴らしている緊急自

動車を当然認知し、避譲措置を講ずるものと考えて、徐行して交差点内を進行したものであり、右位置関係、速度等に照らせば、路面状態を考慮に入れても、Bの判断及び進行方法には何らの過失もなかったというべきである。さらに、Bは、安全確認をした地点から約8、9メートル進行した地点で、再度右方を確認し、約10メートル右方に迫っている本件タクシーを発見し、衝突回避のためアクセルペダルを踏んだが間に合わず、本件事故となったのであるが、右再確認までの間は、救急車がタクシーの進路前方を徐行して通過せんとする状態となり、タクシーが救急車を現認することは一層容易な位置関係にあったものであるから、初めの確認の際のタクシーまでの距離及びその動静等、本件の具体的事情下においては、タクシーが避譲措置を講ずるものと考え、動静確認を継続していなかったことをもって過失があるとまではいえず、右再確認後の衝突回避措置についても、その位置関係からすると、他の措置によっても衝突を回避することはできなかったというべきであるから、Bに過失はない。

③ コメント

　救急車は、消防法第35条の8第1項により緊急通行権が認められているものの、消防法上の優先通行権は認められていない。しかし、道路交通法上は、緊急自動車として優先通行権が認められている（第39条～第40条）。

　このため、救急出動中の救急車は、法令の規定により停止しなければならない場合であっても停止しなくてもよいことになっている（道交法第39条第2項前段）。

　これに対し一般車両は、交差点またはその付近において救急車が接近したときは、交差点を避け、かつ、道路の左側に寄って一時停止しなければならず、また、これ以外の場所において、救急車が接近して

きたときは、道路の左側に寄って、これに道路を譲らなければならないことになっている（道交法第40条）。

しかし、救急車に優先通行権が認められ、法令上の停止義務が免除されているといっても、安全運転義務（道交法第70条）まで免除されているわけではなく、他の交通に注意して（安全確認義務）、徐行することが義務づけられている（道交法第39条第2項後段）。

このように、優先通行権に基づく救急車の走行に対しては、一般車両に避譲義務や一時停止義務が課されている反面、救急車自体にも安全確認義務や徐行義務が課されていることから、両者が交通事故を起こした場合、この過失認定については、必ずしも、常に救急車側が優位にあるとはいえない。

本件事件では、交差点への進行に際し、救急車の運転者Bの安全確認や徐行などについて過失が否定され、前方注視義務を怠って交差点に進入したタクシー運転手Sの過失が認定されている。

Q46 傷病者の症状に対する不適切な観察により病院に搬送しなかったことが不法行為にあたるとされ、法的責任（国家賠償責任）を問われた事例とはどのようなものか。

傷病者の不搬送と法的責任

A

1 事件の概要

昭和50年12月17日、S市内に居住するK（N_2の父親）からの救急要請により出動したS消防署救急隊のN_1隊長が急病人N_2（6歳の男児）の容態を観察したところ、熱、呼吸、脈拍、顔色等に特に異状を感じなかった。そこでN_1は、父親のKに「今日、何か変わったことがなかったか」と尋ねたところ、「怪獣映画を見に行った」と答えたことから、N_2は、怪獣映画を見て興奮したことが原因でひきつけを起こしたものと考え、そのようなときには、すぐ部屋を暗くして窓をあけ、部屋の風通しをよくしてやるとすぐよくなるなどと説明した。このN_1の説明により、Kは大事に至る心配はないものと考え、N_1に対しあえてN_2の搬送を求めない態度を示したところ、N_1も搬送の必要性がないものと判断していたこともあって、事務処理上Kが搬送を拒否したものとして取り扱い、引き揚げた。

ところが、約4時間15分後、Kから再度の救急要請があり、出動してみると、家族全員が石炭ストーブの不完全燃焼により一酸化炭素中毒にかかっていたため、急病センターに搬送したがN_2はすでに死

亡していた。

　このため、N_2の両親K、Yは、第1回目の救急要請の際にN_2を救急病院へ搬送しなかったことに過失があるなどとして、S市に損害賠償を求める訴えを札幌地方裁判所に提起したものである。

　なお、S市は、本判決については札幌高等裁判所に控訴し、審理されていたが、その過程において、昭和56年3月20日、控訴人（S市）と被控訴人ら（K・Y）との間で和解が成立した。和解の内容は、控訴人（S市）が被控訴人ら（K・Y）の子供の死亡について弔慰し、被控訴人の父親Kに対し見舞金として金142万5,000円、同母親に対しても同金額を支払うというものであった。

② 判決要旨

（札幌地裁昭和54年6月22日判決〔S市救急事故損害賠償請求事件〕）

(1) 被告の行う救急業務は、消防法・同法施行令・消防組織法の各関係規定に徴し、国家賠償法第1条第1項にいう「公権力の行使」にあたるものと解することができるところ、N_1隊長が右公権力の行使にあたる被告の公務員であることは明白である。

(2) また、N_1隊長が1回目の救急出動に際し、N_2を救急病院へ搬送しなかった措置が違法であることは、以下の理由によってこれを肯認することができるものというべきである。すなわち、被告の行う救急業務に従事する「救急隊長は、救急事故の現場に到着したときは、直ちに傷病者の状況を把握し、必要な措置を施して所定の救急病院等に搬送する」（S市消防救急業務実施規程12条1項）べき職務上の義務（この点の職務上の義務は、公務員の内部関係における義務であると同時に、第三者に対する関係における義務であると解される。）があるところ、N_1隊長は、1回目の出動の際、N_2に顕れた症状が一酸化炭素中毒によるものであることに思い至らず、か

えって、N_2の熱、呼吸、顔色等の一応の観察の結果、特に異状を認めず、かつ、同人がその当時は静かに寝入っていたこと、およびたまたま原告Yから同人が昼間怪獣映画を見た旨聞いたことから、同人は右怪獣映画の影響によりひきつけを起こしたものと即断したうえ、右の即断に基づき、原告（K・Y）らにN_2の処置方法を説明するなどして暗に搬送の必要のないことを示し、その結果、原告らに同人はひきつけをおこしたのであって、病院へ搬送するほどのこともないと考えるに至らせて搬送を希望しないような態度をとらしめ、結局同人を搬送しないで引き揚げてしまったものというべきであるから、N_1の右措置には前記職務上の義務に反する違法があったと断ぜざるを得ない。

　被告は、N_1がN_2を搬送することなく引き揚げたのは、原告らが搬送を拒否したためであるから違法はない（前記実施規程第13条参照）旨主張する。しかし、原告らに右搬送を拒否するかのような言動があったにしても、それは、前記のように、N_1のN_2の容態についての誤った判断に基づく説明と暗示に触発されたことによるものであって、原告らの自発的な拒否ということはできないので、結局、この点に関する違法性阻却事由の存在を認めることはできないというべきである。

　なお、1回目の救急出動の際のN_1の措置が救急隊長としての職務義務に違反することは右説示のとおりであるが、救急業務の性質上、傷病の程度が軽易で診療の必要がないと明らかに認められるなど特段の事情がない限り、傷病者を救急病院等へ搬送しない措置が救急隊員（隊長）としての職務上の義務に違背し、そのため、傷病者の身体、生命に重大な結果をもたらすおそれもあることは、N_1隊長においても当然に認識すべき事柄であるから、前認定の事実経過のもとで、1回目の救急出動をした際に、右N_1がN_2を救急病院等へ搬送しなかった措置には過失もあったといわなければならな

い。

　そして、右不搬送とN₂の死亡との間に因果関係があることは、右事実経過からみて明らかである。

　そうすると、被告は、国家賠償法第1条第1項に基づき、N₂の死亡によって生じた損害を賠償すべき責任があることになる。

　ところで、前認定のとおり、N₂は石炭ルンペンストーブの不完全燃焼によって発生した一酸化炭素中毒で死亡したのであるが、右ストーブが不完全燃焼をおこした原因は、原告Yがダンパーを閉塞の状態にしたためであるうえ、同人の異状にもかかわらず、全くこれに気付かなかったのであるから、同原告にはN₂の死亡につき、直接、かつ、最も重大な原因を与え、あるいはこれを防止し得なかった点で大きな落度があったものといわざるを得ない。しかも、原告らは、ひきつけの処置についてではあったが、前記N₁隊長から通風をよくするようにとの助言を与えられていたところ、これに従って窓を開けるなどの措置をとったならば、結果的にみてN₂の死亡を防ぎ得た可能性もあったと考えられるが、原告らがそのような措置をとらなかったことは弁論の全趣旨により明らかである。

　そこで、損害額の算定について、これらの事情をいわゆる被害者側の「過失」として斟酌することにし、前認定にかかるN₁の過失の態様と対比した場合、被告において賠償の責に任ずべき額としては、原告ら並びにN₂に生じた損害の25パーセントとするのが相当である。

3 コメント

　本判決によって被告S市が国家賠償責任を問われたポイントは、次のような点にあると考えられる。

(1) 違法性

　救急隊には、その業務の性質上、傷病の程度が軽易で診療の必要がないことが明らかに認められるなど特段の事情がない限り、傷病者を救急病院等へ搬送すべき職務上の義務があり、この職務義務は、公務員の内部関係における義務であると同時に第三者に対する関係における法的な義務（一定の傷病者について医療機関等へ搬送しなければならない消防法上の義務）であるから、この義務に違背した場合は、違法となる（N_2の違法性の存在）。

(2) 過失性

　不搬送によって傷病者の身体、生命に重大な結果をもたらすおそれがあることは、当然に認識すべき事柄であるから（結果の予見可能性の存在）、N_1がN_2を救急病院に搬送しなかった措置には過失がある（結果の回避可能性の存在と結果の回避義務違反の存在）。

(3) 相当因果関係の存在

　N_1（救急隊長）の不搬送措置とN_2（傷病者）の死亡との間に因果関係があることは、事実の経過からみて明らかである。

Q47 救急隊によって搬送された傷病者について、満床であることを理由に受入れを拒否した病院側が、不法行為にあたるとして法的責任（損害賠償責任）を問われた事例とはどのようなものか。

満床を理由とする傷病者の受入拒否と病院側の法的責任

A

1 事件の概要

亡Ｊ・Ｔ（昭和53年10月8日生、以下「Ｊ子」という。）は、昭和54年11月19日ごろから感冒気味であったので、母親のＨ・Ｔは、同月22日午前9時、Ｎ医師の経営するＮ医院を訪れ、Ｊ子の診療を依頼した。

診察の結果、Ｊ子にはチアノーゼ、喘鳴、軽度の呼吸困難、心臓の頻脈等が認められ、気管支炎か肺炎との疑いで重症と考えられたので、Ｎ医師は、小児科専門医がいて入院設備のあるＫ中央病院（以下「中央病院」という。）で治療を受けるのがよいと考え、同病院の外来に電話する一方、Ｋ消防署にＪ子の搬送を要請した。

同日午前9時45分に救急車が出発した後、中央病院からＮ医師に対し満床で入院不可との連絡があり、また、Ｋ消防署指令室からの収容確認の電話に対しても同様の回答があった。

同日午前10時30分に救急車が中央病院に到着したので、入院できるか否かそれが不能のときは診察を依頼したが、中央病院のＭ医師

は、「緊急の入院を要する患者であれば初めから設備のある病院へ搬送して欲しい」として要請を断った。

そこで指令室では、同署の管内の病院等について収容の依頼をする手配をしたが容易に見つからず、ついに管外への搬送もやむを得ないと判断し、中央病院に対しＪ子が１ないし２時間の搬送に耐え得るか否かを診断して欲しい旨を依頼した。午前11時５分にＭ医師が救急車内で約２分間Ｊ子を診察し、肺炎にかかっているのではないかと考えたが、搬送には耐えられると判断して救急車を送り出した。

救急車の出発後午前11時17分になって千葉市内のＮ小児科医院が収容を引き受けるとの確認を得たので、そこへ向い午後０時14分に到着した。この時点でＪ子には呼吸困難、喘鳴、四肢冷感等が認められ、ぐったりしており、補液、抗生物質、強心剤の投与等がされたが、呼吸循環不全症状は改善されず、同日午後３時に死亡した。

このため、Ｊ子の両親は、Ｎ医師と中央病院の設置者であるＫ郡市中央病院組合を相手として、Ｎ医師については転送にあたり行うべき義務違反の責任、中央病院については医師法第19条１項による診療義務違反とＭ医師の不法行為責任を理由として損害賠償請求訴訟を千葉地方裁判所に提起したものである。

裁判の結果、被告Ｋ郡市中央病院組合は、原告両名（Ｊ子の両親）に対し、それぞれ1395万3492円を支払う旨の判決があり、被告Ｎ医師に対する請求は棄却されている。

なお、被告Ｋ郡市中央病院組合は、この判決を不服として東京高等裁判所に控訴したが、裁判上の和解により決着している。

２ 判決要旨 （千葉地裁昭和61年７月25日判決）

(1) 診療拒否について

Ｊ子のような気管支肺炎の患児の診療には、入院設備が不可欠であ

ると考えられるので、K中央病院が、K消防署から同月22日午前9時45分、最初に収容依頼を受けた際、入院設備が不十分のため設備のある他の病院への転送を依頼したとしても、それがJ子のためを第一に考えたものとするなら、診療拒否にはあたらないと解される。しかしながら、同10時3分、J子を乗せた救急車が同病院に到着した時点においても転送を依頼し、その後容易にJ子の収容先が見つからないことを認識しながら、同10時15分、同10時35分にも転送を依頼し、同11時5分にM医師が診察した後も転送を依頼したことは、もはやJ子のためを第一に考えた行為とは言えず、診療拒否にあたると解される。

(2) 医師法19条の応招義務について

医師法19条1項は、「診療に従事する医師は、診療治療の要求があった場合には、正当な事由がなければ、これを拒んではならない。」と規定する。この医師の応招義務は、直接には公法上の義務であって、医師が診療を拒否すれば、それがすべて民事上医師の過失になるとは考えられないが、<u>医師法19条1項が患者の保護のために定められた規定であることに鑑み、医師が診療拒否によって患者に損害を与えた場合には、医師に過失があるとの一応の推定がなされ、診療拒否に正当事由がある等の反証がないかぎり医師の民事責任が認められると解すべきである。</u>

そして病院は、医師が医業をなす場所であって、傷病者が科学的で、かつ、適正な診療を受けることができる便宜を与えることを主たる目的として運営されなければならない（改正前の医療法1条・改正後の同法1条の2）から、<u>医師についてと同様の診療義務を負っていると解すべきである。</u>

(3) 救急告示病院について

K中央病院が救急告示病院であることは、原告らと被告組合との間では争いがなく、救急病院等を定める省令1条4号によれば、救急

告示病院には、「事故による傷病者のための専用病床その他救急隊によって搬入される傷病者のために優先的に使用される病床を有すること。」が求められている。しかし右文言及び消防法2条9項の趣旨から、右省令1条4号の「優先的に使用される病床」とは、救急室等の救急治療のための病床と解されるところ、K中央病院には、救急隊によって搬入される傷病者のための救急室があり、そこには病床と応急措置のための医療器具、医薬品が備えつけられていたことが認められるので、K中央病院は、右省令の要求する病床を有していたと認められる。右の要求を超え、救急告示病院であることにより緊急、かつ、重篤な患者の治療のため各診療科に病床を確保しておかなければならないものとはいえず、したがって、救急告示病院であることが直ちに医師法19条1項の正当事由の解釈に影響を及ぼすものではないと解すべきである。

(4) **医師法19条1項の正当事由について**

　<u>医師法19条1項における診療拒否が認められる「正当な事由」とは、原則として医師の不在または病気等により事実上診療が不可能である場合を指すが、診療を求める患者の病状、診療を求められた医師または病院の人的・物的能力、代替医療施設の存否等の具体的事情によっては、ベッド満床も右正当事由にあたると解せられる。</u>

　しかしながら、同日午前中のK中央病院小児科の担当医は3名おり、右時間帯は外来患者の受付中であったこと、K市、K₁市、S町には小児科の専門医がいてしかも小児科の入院設備のある病院は、K中央病院以外になかったこと、M医師は、J子を救急車内で診療した際、直ちに処置が必要だと判断し、同時にK中央病院がJ子の診療を拒否すれば、C市もしくはそれ以北、C県南部ではI郡まで行かないと収容先が見つからないことを認識していたこと、同病院の小児外科の病棟のベッド数は、現在6床であるが、以前は同じ病室に12、3床のベッドを入れて使用していたこと、以上の事実が認められる。

K中央病院の全診療科を合わせたベッド数及びその使用状況については、M証人(第2回)の、全科合わせると300床くらいあり、いずれも満床であった旨の証言があるのみで、必ずしも明らかではないが、仮に他の診療科のベッドもすべて満床であったとしても、とりあえずは救急室か外来のベッドで診察及び点滴等の応急の治療を行い、その間に他科も含めて患者の退院によってベッドが空くのを待つという対応をとることも、少なくとも300床を超える入院設備を有する同病院には可能であったといえる。よって、右の事情の下では、K中央病院のベッド満床を理由とする診療拒否には、医師法19条1項にいう正当事由がないというべきである。したがって、K中央病院の診療拒否は、民事上の過失がある場合にあたると解すべきである。

③ 本判決のポイント

本判決のポイントは、①「診療治療の要求があった場合には、正当な事由がなければこれを拒んではならない。」と定めた医師法第19条第1項は、患者の保護のために定められた規定であるから、医師が診療拒否によって患者に損害を与えた場合には、医師に過失があるとの一応の推定がなされ、診療拒否に正当な事由があるなどの反証がない限り、医師の民事責任(損害賠償請求)が認められ、医師が医業を行う病院も医師と同様の診療義務と診療拒否による民事責任を負うと判示した点と②医師法第19条第1項にいう診療拒否についての「正当な事由」とは、原則として医師の不在または病気等により事実上診療が不可能である場合を指すが、診療を求める患者の症状、診療を求められた医師または病院の人的・物的能力、代替医療施設の存否等の具体的事情によっては、ベッド満床も正当事由に解されると判示した点である。

このことは、医師または病院が正当な事由によらず、救急隊によっ

<u>て搬送された傷病者の受入れを拒否したことによって傷病者に損害を与えた場合の民事責任（損害賠償責任）は、医師または病院にあることを意味し、また、ベッド満床を事由とする傷病者の受入拒否には、常に正当な事由があるとはいえず、具体的な事情によっては正当な事由となり得ないことを意味している。</u>

　このようなことから、本件事件では、ベッド満床を事由とする傷病者の受入拒否の正当性が否定され、病院の民事責任が問われている。

　本判決は、医療機関が、救急隊によって搬送された傷病者の受入れを拒否し、これに起因して傷病者が死亡したケースについて、病院側の応招義務違反を認め、不法行為責任（損害賠償責任）を肯定した初めての判決として、先例的な価値を有するものとされている。

Q48 救急隊員が傷病者の病態把握義務違反や搬送義務違反などを理由として国家賠償を請求された事例としてどのようなものがあるか。

救急隊員の病態把握義務違反等と損害賠償責任

A

1 事件の概要

　平成7年9月1日午後10時30分ころ、EがK市内に所在するビルから同ビルの1階敷地内のゴミ置場に転落して重傷(両下肢の膝下が開放骨折)を負った。このため、救急要請により所轄消防署の救急隊が事故現場に出動したが、救急隊がEを救急車に収容して病院に搬送する際に、適切な措置をとることを怠ったために、Eが重篤な緊張性気胸に陥り、搬送先の病院で死亡したとして、Eの遺族である原告ら(A〔Eの夫〕およびB、C、D〔Eの子〕)がK市を相手どり、東京地方裁判所に対し国家賠償法第1条第1項に基づく損害賠償などの請求訴訟を提起したものである。

　裁判の結果、救急隊員の措置には違法行為ないし過失がなく、原告の請求には理由がないとして棄却された。このため、原告らはこれを不服として東京高等裁判所に控訴したが、控訴審においても、第一審同様、救急隊員には違法行為ないし過失がなく、控訴理由がないとして棄却されている。原告らは、さらに最高裁判所に上告したが、棄却され、確定している。

1　判決要旨

(東京地裁平成13年6月29日判決―請求棄却、
東京高裁平成14年7月18日判決―控訴棄却、※上告棄却)

救急隊員の違法行為ないし過失の有無について

(1)　病態把握義務違反

　ア　緊張性気胸について

　㈎　証拠によれば、墜落事故等による多発外傷において、患者の心肺機能に問題がないときは、救急隊員は、身体の部位の重要度に従い、胸部→頭部→腹部→骨盤→四肢の順に治療するのが一般的であり、容態観察もこの順番で行うべきであること、多発外傷においては緊張性気胸が発生しうること、緊張性気胸は、①皮下気腫、②患側胸部の膨隆、③胸部の左右不対照運動、④患側の呼吸音の減弱、⑤呼吸音の左右差、⑥頸静脈怒張等の特徴的な症状を示すこと、これらの症状は救急隊員の指導テキスト等に記載されており、緊張性気胸の発見は、救急隊員にとって比較的容易であることが認められる。

　それゆえ、一般論としては、患者が多発外傷等により緊張性気胸を発症している可能性がある場合には、救急隊員にも患者の緊張性気胸を発見すべき注意義務を負わせることは可能である。ただし、救急隊員に緊張性気胸発見義務を課すためには、救急隊員が観察をしている時点で患者に緊張性気胸の発生を推認させる症状が表れていることが前提となることは当然である。

　そして、前記前提となる事実及び証拠によれば、本件救急隊員が、緊張性気胸に関する一般的知識を有していたこと、本件救急隊員は、Eが高所より転落しており、多発外傷を起こしている可能性が高く、緊張性気胸を発生する可能性もあると認識していたこと、遅くとも本件救命センターに搬入される直前には、Eが緊

張性気胸を発症していたことが認められる。

　しかし、救急隊がEに対して応急処置を施している時点で緊張性気胸が発生していたことについては、これを認めるに足りる証拠はない。かえって、前記前提となる事実及び証拠によれば、本件救急隊員がEを発見した直後に容態観察をした時点で、頸静脈怒張等の緊張性気胸を疑わせるような症状は表れていなかったこと、IがHの下命を受けて、Eを頭部から頸部、背部、側胸部を観察したときにも、変形、出血、皮下気腫に伴う捻髪音・握雪感・頸静脈怒張等の緊張性気胸を疑わせるような症状はなかったことが認められる。

　そうとすれば、本件救急隊員が、応急処置時にEの緊張性気胸を予見することは不可能であったと解されるから、緊張性気胸発見についての義務違反は存しないというべきである。

(イ)　また、救急車内でEの容態が悪化した時点で緊張性気胸が発生していたことについてもこれを直接に認めるべき証拠はない。むしろ、前記前提となる事実及び証拠によれば、①本件救急隊員が救急車内収容後に行った容態観察において、Hが総頸動脈でEの脈拍を観察したが、頸静脈怒張の症状はなかったこと、②Iが手動式人工呼吸器で人工呼吸を開始した際に、Hが人工呼吸器の送気状態とEの呼吸状態を観察するため、Eの胸部を聴診したが、呼吸音の相違、片肺側の呼吸の減弱、呼吸運動の消失、胸部の左右不対照運動、片側胸部の膨隆、触診による頸部や胸部の捻髪音・握雪感等の異常、頸動脈の怒張、皮下気腫、胸部の運動・呼吸音の減弱等の緊張性気胸を疑わせるような症状はなかったこと、③Iが経鼻エアウェイをEの鼻に挿入した際に、Hは送気状態と呼吸状態を観察するためにEの胸部を聴診したが、皮下気腫に伴う捻髪音や握雪感はなかったこと、④IがEに対する人工呼吸を、手動式から自動引金式に切り替えた際に、HはEの脈拍を

聴診したが、特に異常はなく、頸静脈怒張もなかったことが認められる。

したがって、人工呼吸を行った時点では、Eの緊張性気胸発症を疑わせるような症状はなかったため、本件救急隊員がEの緊張性気胸を予見することは不可能であったと解されるから、この時点においても、緊張性気胸発見についての義務違反は存しないというべきである。

(ウ) よって、本件救急隊員には、緊張性気胸を発見しなかったことについて、過失はなかったものといわざるを得ない。

イ　出血性ショックについて

証拠によれば、出血性ショックの一般的な症状は、末梢皮膚の蒼白、冷感、頻脈等であるとされる。

また、証拠によれば、一般に、患者が短時間で1,000cc以上の急激な出血を起こした場合、患者はショック状態に陥ることがあるとされているが、本件救急隊員がEを発見し、応急処置を終えて車内に収容するまでの間のEの出血量は、約1,000ccであったことが認められる。

しかし、本件救急隊員がEに対して応急処置を施していた時点で、Eが出血性ショック状態に陥っていたことを具体的に示す症状についての証拠はなく、本件救急隊員がEの出血性ショックを予見することは不可能であったというべきである。

よって、この点についても、本件救急隊員の過失を認めることはできない。

(2) 人工呼吸による陽圧回避義務違反

証拠によれば、一般に、患者に気胸がある場合には、人工呼吸で陽圧をかけると、緊張性気胸に陥って、ショックから死に至ることがあること、したがって、陽圧による人工呼吸が必要な場合には、ドレナージを行っておいた方が安全であること、人工呼吸を行っているに

もかかわらず、患者の状態が次第に悪化する場合には、救急隊員は、緊張性気胸を疑わなければならないことが認められる。

しかし、証拠によれば、患者が自発呼吸をすることが困難な状況に陥った場合、たとえ気胸の疑いがあっても、救急隊員としては患者の呼吸停止を防ぐために人工呼吸をせざるを得ないことが認められる。そして、前記前提となる事実によれば、Eは、9月1日午後11時10分ころ、救急車内に搬入された直後の時点で、下顎呼吸毎分7回という生命に対する危険が切迫した状態であった。したがって、本件救急隊員は、救急車に搬入したEの呼吸停止を防止するために、人工呼吸を施さざるを得なかったというべきである。

そして、本件救急隊員は、人工呼吸を開始した後も、送気に十分注意しながら、適切な観察を続けたことが認められる。

以上からすれば、Eに対して、人工呼吸による陽圧をかけたことについて、本件救急隊員に過失はなかったと認められる。

(3) 搬送義務違反

ア 証拠によれば、緊張性気胸が疑われる場合、早急に胸腔内の空気を抜く必要があるため、処置の可能な医療機関に速やかに搬送しなければならないことが認められる。そして、緊張性気胸の治療として、胸腔に針を刺して脱気することが簡便かつ有効であることについては、当事者間に争いがない。

しかし、Eを救急車へ収容した時点においては、緊張性気胸を疑うべき症状が発現していなかったことは、前記認定判断のとおりであるのみならず、本件においては、Eは多発外傷を起こしている可能性があったから、本件救急隊としては、臓器損傷等の治療をも念頭に置いてEを医療機関に搬送する必要があったというべきである。

したがって、本件救急隊が、Eを総合的な救急医療のできる本件救命センターに搬送した判断に誤りは認められない。

イ　また、前記前提となる事実のとおり、本件救急隊が到着した当時、Ｅは両足に開放骨折を負っていたが、まずこの骨折に対する創傷処置及び固定処置を施さなければ、創傷部の拡大に伴う出血の増大のみならず、車内への収容、体位変換等の救急活動についても多大な支障を来すことは明らかである。

　そうすると、本件救急隊員が、Ｅを救急車に収容する前に、Ｅの両足に対する応急処置を行ったのは妥当な判断であったと認められる。

ウ　さらに、両足の骨折に対する応急処置に要した時間が約24分間であり、出動要請からＥの病院搬入までの時間が約40分間であったことについても、本件事故現場が広さ約5平方メートルの狭隘で暗い場所であったこと、開放骨折の治療は一般にそれほど短時間で終了するものではないことからすれば、本件救急隊員が応急処置に際していたずらに長時間を費やしたものと認めることはできない。

　これに対し、原告は、東京都における救急要請から患者来院までの所要時間は平均22分であること、現職の救急隊員が「本職の救急隊員であれば、（救急車）収容前の両膝下骨折の処置に5分以上かかるはずがない。」と述べていたことを根拠に、本件救急隊員の過失を主張する。

　しかし、平均所要時間はあくまでも平均であって、道路状況、患者の状態、現場の状況等によって所要時間は様々であり、平均所要時間を重視することは相当でない。また、両下腿骨折の処置が5分以内で完了するという現職救急隊員の供述も具体的根拠を欠き、採用することができない。

エ　したがって、この点についても、本件救急隊員には過失がなかったといわなければならない。

以上からすれば、本件救急隊員には、違法行為ないし過失が存しないから、その余の争点について判断するまでもなく、原告の請求は理由がないこととなる。

③ 本判決の要点

本件救急事故について、救急隊員の違法性および過失性を否定した本判決の要点は、次のとおりである。
(1) 病態把握義務違反の有無
応急処置の時点、救急車内で傷病者の容態が悪化した時点、あるいは人工呼吸を行った時点において、緊張性気胸の発生を認めるに足る証拠がなく、また、それを疑わせるような症状もなかったから、救急隊員は緊張性気胸を予見することが不可能であった。したがって、その発見について義務違反はなく、救急隊員は、緊張性気胸を発見しなかったことについて過失はない。また、応急処置の時点で傷病者が出血性ショック状態に陥っていたことを具体的に示す症状についての証拠はなかったから、救急隊員がそれを予見することは不可能であった。したがって、救急隊員の過失を認めることはできない。これらの判断は、いずれも結果の予見可能性がなければ、結果の回避義務違反はなく、過失は成立しないとする過失理論に基づくものと思われる。
(2) 人工呼吸による陽圧回避義務違反の有無
傷病者が救急車に搬入された直後の時点で、下顎呼吸毎分7回という生命に対する危険が切迫した状態であったから、救急隊員は、傷病者の呼吸停止を防止するために、人工呼吸を施さざるを得ず、しかも救急隊員は、人工呼吸開始後、送気に十分注意しながら観察を続けたことが認められる。したがって、人工呼吸による陽圧をかけたことについて、救急隊員には過失がなかったものと認められる。

(3) 搬送義務違反の有無

　傷病者が多発外傷を起こしている可能性があったことから、救急隊員が臓器損傷等の治療をも念頭において傷病者を総合的な救急医療のできる救命センターに搬送した判断に誤りは認められない。また、傷病者の開放骨折に対して創傷処置および固定処置を施さなければ、創傷部の拡大に伴う出血の増大のみならず、車内への収容、体位変換等の救急活動についても多大の支障を来すことは明らかであるから、救急隊員が傷病者を救急車に収容する前に、両足に対する応急処置を行ったのは妥当な判断であったと認められる。

　さらに、本件事故現場が、広さ約5平方メートルの狭隘で暗い場所であったこと、開放骨折の治療は一般にそれほど短時間で終了するものではないことからすれば、救急隊員が応急処置に際していたずらに長時間を費やしたものと認めることはできない。

　したがって、この点についても、救急隊員には過失がなかった。

> **Q49** 脳梗塞の発作で消防に救急隊の出動を要請したが、通報に明瞭性を欠くなどの理由でこれに応じなかったため、病院への搬送がおくれたとして国家賠償が請求された事例はどのようなものか。
>
> 救急要請に対する救急隊の不出動と国家賠償責任

A

1 事件の概要

　Aは、平成12年8月11日午前11時ころ、自宅で脳梗塞の発作を起こし、消防に救急車の出動を求めるため、2日にわたり合計20回、自宅から119番通報をしたが、言葉をうまく発することができなかったことなどから、通報を受けたK市消防局の消防指令センターの職員は、救急隊の出動を要する事態ではないと判断し、救急隊を出動させなかった。このためAは、救急隊を出動させるべき注意義務を怠ったという消防の不法行為により、病院への搬送がおくれて精神的苦痛を被ったとして、K市を相手どり、国家賠償を求める訴えを京都地方裁判所に提起したものである。

　裁判の結果、被告K市の不法行為を理由とする原告Aの損害賠償請求が認容されている。

2 判決要旨

(京都地裁平成15年4月30日判決—1部認容・1部棄却)

1 被告職員の注意義務の有無について(争点1)

(1) 市においては、救急業務を行わなければならないとされているところ(消防法35条の5、同法施行令43条、消防組織法10条、消防本部及び消防署を置かなければならない市町村を定める政令)、救急業務とは、災害により生じた事故、屋外若しくは公衆の出入する場所において生じた事故、傷病者を医療機関その他の場所に迅速に搬送するための適当な手段がない場合における屋内において生じた事故又は生命に危険を及ぼし、若しくは著しく悪化するおそれがあると認められる症状を示す疾病による傷病者のうち、医療機関その他の場所へ緊急に搬送する必要があるものを、救急隊によって、医療機関その他の場所に搬送することをいうのである(消防法2条9項)から、住民の生命、身体の安全に直接関係し、しかも、生命、身体の安全の確保のために他の適当な方法がなく、かつ、緊急性の強い業務ということができる。

そうすると、消防法35条の5が直接には行政上の責務を定めたものであるとしても、救急業務を実施すべき場合が生じたことを認知し、かつ、当該救急業務を実施することが可能な場合には、救急業務を実施するか否かについて、市の裁量を認める余地はなく、当該傷病者に対する関係でも、救急業務を実施すべき義務が生じると解することができる。

そして、指令センターは、救急業務については、K市内における災害等の救急業務の対象となる事態の通報を受けて、救急隊の出動を一元的に指示、指揮することによって、迅速、円滑に救急業務を実施するために設けられたものであるから、指令センター員は、119番通報等によって、救急業務を実施する必要のある事態が発生したことを認

知した場合には、救急隊等を出動させることが不可能ではない限り、救急隊を出動させるなどの処置を執る義務を負うというべきである。

　もっとも、119番通報があった場合においても、119番通報の中には相当数のいたずら電話があり、さらに、救急車の出動が要請された場合であっても、上記の意味での救急業務に当たらない場合も含まれるから、指令センター員に係る義務が生じるのは、その通報内容に照らして、救急業務を実施すべき場合と判断し得る場合に限られると解すべきである。

　しかし、119番通報をする者には、当該傷病のため、119番通報の際に、応答のできない者、当該災害等によって気が動転して適切な説明ができない者も存在することも容易に推認することができる。そして、真に救急業務を実施する必要がある場合は、人の生命、身体の安全に直接かかわり、しかも、生命、安全の確保のために、救急隊等の出動を待つほかに適当な手段がなく、緊急性がある。したがって、指令センター員には、救急業務を実施する必要があることが確認された場合はもとより、その必要があることを疑い得る場合にも、救急隊等を出動させ、あるいは、その必要があるかどうかを確認するための処置を執るべき義務が生じるというべきである。

(2)　本件においては、原告は、平成12年8月11日午前11時ころ、自宅で脳梗塞を発症したところ、脳梗塞等の脳血管障害については、発症から3時間以内に医療機関に搬送されることが必要といわれているとおり、医療機関に緊急に搬送される必要があったところ、1人暮らしであったこともあって、医療機関に迅速に搬送されるための他の適当な方法もなかったということができるから、被告の救急隊によって医療機関に搬送される必要があった場合、すなわち、被告が救急業務の対象とすべき場合に該当していた（このことは、被告も認めている）。

　ところで、原告は、119番通報をしたものの、原告が、脳梗塞を発

症していたため、耳も聞こえにくく、話もできない状態にあり、指令センター員の呼びかけに対しても、応答できなかった。そして第1回及び第2回の通報の際には、指令センター員の呼びかけに対して、原告は全く応答せず、第3回の通報の際には、通報を受診したOが、通報者が声を出せないこともおもんぱかったTの指示で何か物をたたいて合図するように呼びかけたものの、これに対しても、何ら反応がなかったというのであるから、指令センター員が救急隊を出動させるべき事態の発生を疑うべき事情があったということはできない。

また、第4回目の119番通報の際には、指令センター員から原告の姓をあげ、4回目の通報であって、電話番号もすべて分かると告げて呼びかけられると、しばらくして原告側から電話が切られ、指令センター員が呼び返しをしても、留守番電話となっていたり、原告が出ても電話機のプッシュボタンを操作する音が聞こえるのみであったというのであるから、その時点では、いたずら電話と疑われてもやむを得なかったということができる。

しかし、原告は、4回目の通報の際、指令センターにおいて原告の身元が把握されていることを告げられて、いわばいたずら電話に対する警告を受け、その後、6回目の119番通報の際には、O_1から、これ以上いたずらの119番通報をすると警察に通報する旨の警告までされている。原告は、それにもかかわらず、短時間の119番通報を繰り返し、8回目の119番通報の際には、O_1の「何ですか。」、「どうしたの」の呼びかけがあり、「はぁぃ。」あるいは「ふわぁぃ。」とも聞こえる声を出しており、その声は、これを聴話していたHには、意識朦朧とした者の発する声のようにも聞こえたというのである。

このように、発信者の身元、通報回数まで把握されていることを告げられ、警察に通報をする旨の警告を受けながら、なお短時間に自宅の加入電話からの通報を繰り返していたこと、指令センター員の呼びかけに対する発声も意識朦朧とした者の声と理解し得るものであった

こと、一般的に、119番通報する者の中には、疾病等のために、何とか電話機の「119」の番号を押すことはできたものの、指令センター員の声を聞き取ることも、声を発することもできない者もいることを想定すべきこと、そのような者は、電話機の「119」番号を押した後も、何とか救助を求める意思を伝えるため、電話機を操作し、誤って電話を切ってしまったり、留守番電話に設定したり、関係のないボタンを押したりすることもあり得ること、したがって、上記4回目の通報の際に、原告側から回線が切断されたり、呼び返しに対し、留守番電話になっていたり、プッシュボタンの操作音が聞こえたことも上記誤った操作の結果との可能性も想定し得たこと、以上の事情を考慮すると、原告からの8回目の119番通報を受信した際には、これを受信し、あるいは聴話していた指令センター員としては、その際の通報及びそれ以前の通報がいたずらによるものではなく、疾病等のために適切な応答ができない者からの通報ではないかと疑うことができ、また、疑い得たというべきである（なお、Hは、上記「はぁい。」あるいは「ふわぁい。」とも聞こえる声を泥酔者が意識朦朧状態で声を出していると感じた旨供述するが、意識朦朧状態の発生と感じられる以上、泥酔以外の事由によるものも想定すべきであった）。

　そうすると、指令センター員としては、この時点で、救急隊等を出動させるか、少なくとも、この通報が真に救助を求めるものかどうかを確認するための何らかの措置をとるべき義務が生じたというべきである。ところが、この通報の受信を担当した指令センター員も、指揮台を担当した指令センター員も、この通報もいたずらと判断し、救急隊を出動（《証拠略》によると、この時点で原告方に救急隊を出動させることは可能であったことが認められる。）させなかった上、何らかの確認のための措置もとらなかった。このことは、原告に対する不法行為に当たるということができる。

　また、8回目の通報の時点で、疑い得た以上、その後の通報の際に

も、その受信を担当した指令センター員は、従前からの通報の状況も併せて、同様に、救急業務の必要性がある場合であると疑うべきであった。ところが、上記認定事実によると、これらの119番通報を受信した指令センター員は、多くの場合、むしろいたずらであることを前提とした応答をするにとどまっており、それらの各通報の際に、救急隊等を出動させず、その他の確認手段もとらなかった。これらも同様に原告に対する不法行為に当たるということができる。

(3) この点、被告は、無音の119番通報であっても、救助が必要な者の場合には、息づかい、背後の生活音等から、救助の必要性を判断することができ、指令センター員もそのように努めており、救助が必要な場合であるのに全くの無音であったり、通報者から電話を切るような事例はなかった旨主張し、証人T、同Kらは、これに沿う供述をする。

そして、被告は、119番通報の際の通話内容をすべてDATテープに録音することとしており、原告からの119番通報についても録音していたが、この録音を基に通話記録を作成した後にこの録音テープを消去しており、原告側の音が、被告の主張するように全くの無音ないし上記認定のものにすぎなかったのかどうかは、証拠上明らかではないといわざるをえず、証人T及び同Kの前記供述によっても、上記認定判断は左右されない。

また、証人Tは、通報者の身元が判明していることを告げて警告しても、なおいたずらの通報を続ける場合もあり、上記のような警告をしたのに119番通報が続いていることを以て異常とは判断できない旨供述する。しかし、上記のような警告を行った後も、なお短時間のうちにいたずらの119番通報が続けられた事案がどの程度あるのか明らかではなく、一方、上記警告によって通報がやむ事例もあるのであるから、上記警告後もなお119番通報が続くことを一事情として異常を疑うことは可能と考えられ、上記証人Tの供述を考慮しても、上記認

定判断は影響されない。

(4) もっとも、上記認定のとおり、指令センターには、いたずらによると判断された多数の119番通報もされている。これらの119番通報、あるいはいたずらの通報と疑われる119番通報に対しても、念のためであっても救急隊等を出動させれば、その間に真に救急隊等の出動が必要な災害等が生じた場合に、近くに出動可能な救急隊がなく、現場への救急隊の到着が遅れるなど、かえって、救急業務を阻害する事態を生じさせる結果を招きかねない。

そのため、被告の「消防通信規程」、「指令管制マニュアル」においても、119番通報の際に、適切に事態を通報できない者の存在も想定して、救急隊等の出動の要否を判断すべきものとしている。しかし、指令センター員が、多数の通報の中から、短時間のうちに救急隊を出動させる必要のある通報かどうかを見極めることが、容易ではないことは明らかであり、指令センター員が、多数のいたずらと思われる通報の中から、救急業務の対象となる通報を見いだすため、日夜多大な労苦を払っていることは容易に推認することができ、本件においても、原告からの119番通報にはいたずらと疑ってもやむを得ないような点もあったことは前記のとおりである。

しかし、ことが住民の生命にかかわる緊急事態であることを考えると、これらの事情によっても上記の作為義務を否定することはできない。

2 損害について（争点2）

原告は、脳梗塞の発作により、119番通報をしたのに、救急隊が出動せず、その結果、自力で自宅の外に出た原告を発見した近所の住民の119番通報に基づいて出動した救急隊によって京都K病院に搬送されるまで、医療機関で治療を受けるのがほぼ2日間遅れたのであって、その間、相当の苦痛、不安等が継続したことは想像に難くない。

また、脳梗塞は、早期の治療が必要とされているところ、医療機関に搬送されるのが遅れたことによって、後の経過に影響を及ぼしたと原告が理解することも無理からぬところである。

これらの事情に、被告職員の過失の程度、その他本件に現れた諸般の事情を総合すると、原告が上記2の不法行為によって被った精神的苦痛に対する慰謝料は100万円が相当である。

3 本判決のポイント

本判決のポイントは、指令センター員が、119番通報等によって、救急業務を実施する必要があることを確認した場合はもとより、その必要があることを疑い得る場合であっても、救急隊等を出動させることが不可能でない限り、救急隊等を出動させ、あるいはその必要があるかどうかを確認するための措置をとるべき義務が生ずるとの考え方を示し、本件救急事件について、救急隊を出動させることが可能であったのにこれを出動させなかったうえ、何らかの確認のための措置もとらなかったことは、原告（傷病者）に対する不法行為にあたると判示した点である。

> **Q50** 救急隊が、道路上で転倒し後頭部を路面に打った傷病者を救急車に収容後、病院に搬送せず家族に引き渡したことについて、搬送義務違反として損害賠償を請求された事例とはどのようなものか。
>
> 傷病者の搬送義務違反と損害賠償責任

A

1　事件の概要

　平成14年2月16日午後11時すぎころ、通行人からS県中央広域連合のB消防署に119番通報があり、Aが道路上で転倒して後頭部を路面で打ち、意識不明であるとのことであった。直ちに救急隊員3名が救急車で現場に急行し、一旦Aを救急車に収容したものの、医療機関に搬送することなく現場に迎えにきた親族（同居しているAの次男夫婦）に引き渡したところ、Aがその後右急性硬膜外血腫等を発症して後遺障害を残すことになったとして、S県中央広域連合を相手どり、救急隊の搬送義務違反を理由に国家賠償を求める訴えを佐賀地方裁判所に提起したものである。

　裁判の結果、同裁判所は、救急隊員が搬送義務に違反するとまでは認めることは困難であるとして、原告Aの請求を棄却している。なお、本件事件は福岡高等裁判所に控訴されている。

② 判決要旨　(佐賀地裁平成18年9月8日判決—請求棄却)

1　搬送義務違反について（争点1）

(1)　消防法2条9項及び同法施行令42条によれば、救急業務とは、災害により生じた事故若しくは公衆の出入りする場所において生じた事故又は当該事故その他の事由による傷病者を医療機関その他の場所に迅速に搬送するための適当な手段がない場合における屋内において生じた事故若しくは生命に危険を及ぼし若しくは著しく悪化するおそれがあると認められる症状を示す疾病による傷病者のうち、医療機関その他の場所へ緊急に搬送する必要があるものを、救急隊によって、医療機関その他の場所に搬送すること（傷病者が医師の管理下に置かれるまでの間において、緊急やむを得ないものとして、応急の手当を行うことを含む。）をいうところ、救急業務は、傷病者の救護を目的とし、傷病者の生命、身体の安全に直接関係する緊急性の高い業務であるといえる。

上記救急業務の性質に照らせば、消防法上の救急業務を実施している地方公共団体が、救急業務を実施すべき事由が生じたことを認知し、かつ、当該救急業務を実施することができる場合は、行政上の責務として救急業務の実施義務を負うのみならず、当該傷病者との関係でも救急業務を実施すべき義務を負うものと解するのが相当である。

しかしながら、救急業務は、その性質上、傷病者等の求めに応じて行う公的なサービス、給付行政的な活動であって、その趣旨は専らサービスを希望する者の満足を得ることにあり、傷病者本人を含む国民の権利義務を制約するものではないから、正常な判断能力を有する傷病者の意思に反してこれを行うことは許されず、したがってこのような場合には被告が救急業務を実施すべき義務を免れることは明らかであるというべきである（S市救急業務規則8条は、「隊員は、救急業務の実施に際し、傷病者又はその関係者が搬送を拒んだ場合は、これ

を搬送しないものとする。」と規定しているし、本件事故当時のＳ広域消防局救急業務等に関する規則26条ただし書は、「傷病者又はその保護者が搬送を拒否した場合は、搬送しないことができる。」と規定している。）。

(2)　これを本件についてみるに、前記認定事実によれば、Ｏ隊長ら救急隊の説得にもかかわらず、原告本人が一貫して搬送を拒否していることは明らかであり、原告の家族であるＴ子も最終的には、自動車で原告を迎えに来て自宅へ連れ帰っているのであるから、結論的に搬送を拒否しているものと認められる。

　この点に関し、原告は、原告本人は、酒気帯びと意識障害により正常な判断ができない状態にあった旨主張している。

　なるほど、前記認定のとおり、原告本人は、酒気を帯びており、また多少の見当識障害が認められているが、名前や生年月日、自宅の電話番号等を正確に答えていることなどからすると、少なくとも意思能力に欠けるところはなく、判断能力もさほど減退していたとは考え難い。

　また、原告は、Ｍ夫夫婦は、Ｏ隊長の誤った説得に応じて原告を引き取ったにすぎないのであるから、これにより、被告の救急業務を実施すべき義務は免れない旨主張し、証人Ｔ子は、「２回目の電話の際、搬送先が見つからないので迎えに来てほしいと言われ、現場でも大丈夫と言われたので自宅に連れ帰った。」旨証言している。

　しかしながら、既に現場に出動し、原告を救急車内に収容しており、しかも１回目の電話の際には、Ｔ子から病院に搬送して検査を受けさせてほしい旨依頼されていたＯ隊長らが、市内の２つの病院に受入れの可否の電話をかけただけで、他にも受入可能な病院が存在するにもかかわらず、再び家族に迎えに来てほしいというような電話をかけるということ自体、一般的に考え難く、証人Ｏの証言に照らして採用できない（証人Ｏは、「搬送をするという前提で私たちは出動してお

りますので、搬送します。搬送しないときのほうがかえって、大丈夫だろうかということで心残りになりますので、ケースによっては、帰ってから、無事帰ったかどうかという電話をしたりもします。」と証言しており、その信ぴょう性は高いものと解される。)。また、「大丈夫と言った。」との点についても、「救急隊員は医者と異なり診断ができないので日ごろから「大丈夫」などと言わないように教育を受けており、そのような発言は絶対しない。」旨の証人Ｏの証言の信用性は高いものと解され、証人Ｔ子のこの点に関する証言も採用できない。結局のところ、前記認定どおり、Ｏ隊長から、原告が帰宅を強く希望していることと原告の症状を聞いて、自ら「大丈夫」と判断したＴ子が原告の意向を尊重し、自らの判断で自動車で迎えに赴いたものと考えるのが最も自然かつ合理的であり、そのように認定するのが相当である。

　もっとも、この点、Ｏら救急隊員がＴ子に対して、原告を病院へ搬送するよう説得すべきではなかったか疑問の余地がないではない。

　しかしながら、前述のとおり、Ｔ子自身、自由な意思で原告を自宅へ連れ帰ることを決断しているのであり、決してＯ隊長から執ように原告を自宅へ連れ帰るよう説得されたわけではないのであるから(Ｔ子は、１回目の電話の際にも、Ｏ隊長から、原告を迎えに来るよう言われながら、これを拒否し、病院で検査を受けさせてほしい旨依頼した旨証言しているのであるから、まさに自由な意思で判断しているのであり、救急隊員の言動に唯々諾々と従うような人物であるとは到底考え難い。)、このような場合、前記の救急業務の法的性質からして、原告に当時、病院搬送の緊急性が認められたなどの特段の事情が認められない限り、救急隊員には、Ｔ子にあえて原告の病院への搬送を説得するまでの義務はないものと解するのが相当である。

　そして、前記認定事実によれば、Ｏ隊長は、原告の頭部外傷を疑って、原告の救急車への収容後、手指も用いた創部の観察、瞳孔の観

察、血圧、血液中の酸素飽和度及び心拍数の検査並びに原告の言動の観察を行ったが、高血圧を除いて異常は見受けられず（急性硬膜外血腫の90％では、血腫側の瞳孔散大等の瞳孔の異常、頭痛等の訴えがあるとされている。原告の高血圧についてもT子の説明により持病として説明がつくものであることが判明したこと、原告は、救急車への収容後間もなく意識を回復し、当初は質問に不相応な受け答えをすることもあったが、その後は、帰宅を希望する言葉を発して、検査器具を外そうとしたり担架から立ち上がろうとしたりしており、意識レベルはJCS1または同2で意識障害も軽微であって、引取り時までに原告の意識レベルは低下していないことが認められ、これらによれば、O隊長が原告につき直ちに病院へ搬送するまでの緊急性が認められないと判断したことは誠にやむを得ないものというべきであって、O隊長ら救急隊員がT子に対して原告の病院への搬送の説得をすべき義務があったとはいえない。なお、《証拠略》には、M夫夫婦が、引取り時、救急隊員からの原告の嘔吐物に黒い血らしきものが混じっており血圧が200近くある旨説明を受けたとか、原告は顔面蒼白で3人掛かりではないと自動車に移せないほど吐き気を催していたとか、「帰らない。」「頭が痛い。」等と言っていたとの供述部分があるが、同供述部分は、これに反する《証拠略》に照らし、直ちに信用できない。

　しかも、医学的知見としても、頭蓋骨と硬膜の間に生じる急性硬膜外血腫は特徴的な経過、すなわち意識清明期（受傷後の一過性の意識障害は間もなく回復するが、再び高度の意識障害を呈する。この意識が一度回復した時期をいう。）が存在するものの、通常急性硬膜外血腫や急性硬膜下血腫により、意識障害が出現した場合、5分間で回復することはありえず、証人M（当時佐賀医科大学外科学講座脳神経外科講師）は、原告がO隊長らと会話をしている時点では、急性硬膜外血腫、急性硬膜下血腫、外傷性くも膜下出血を発症していたとはいえない旨判断していることに照らすと、前記のO隊長の判断は合理的で

あり、誤っていたとは認め難い。

そうすると、原告本人及び家族の意向を尊重して、原告を病院に搬送しなかったO隊長らの措置が救急隊の救急業務を実施すべき義務（搬送義務）に違反するとまで認めることは困難である。

したがって、被告には、本件につき、国家賠償法1条1項に基づく責任は認められない。

2 結論

以上によれば、原告の請求は、その余の点について判断するまでもなく、理由がないからこれを棄却すべきである。

③ 本判決のポイント

本判決は、救急業務について、傷病者の救護を目的とし、傷病者の生命、身体の安全に直接関係する緊急性の高い業務であるから、市町村は、救急業務を実施すべき事由が生じたことを認知し、かつ、実施が可能である場合は、行政上の責務としても傷病者との関係においても救急業務を実施すべき責務を負う。しかし、救急業務は、その性質上、傷病者の求めに応じて行う公的サービス、給付行政的な活動であって、その趣旨は、専らサービスを希望する者の満足を得ることにあり、傷病者本人を含む国民の権利義務を制約するものではないから、正常な判断を有する傷病者の意思に反してこれを行うことは許されず、したがって、このような場合には救急業務を実施すべき義務を免れることは明らかであるとし、また、救急業務の法的性質上、病院搬送の緊急性が認められる場合などの特段の事情が認められない限り、搬送を拒否した者に対し、病院への搬送を説得するまでの義務はないものと解するのが相当であるという考え方に立って、原告（傷病者）および家族の意向を尊重して原告を病院に搬送しなかった救急隊

長らの措置が搬送義務に違反するとまで認めることは困難であると判示している。

2 救助業務

Q1 救助業務とはどのような内容の業務か。
救助業務の意義・内容

A

　救助業務の概念については、消防組織法および消防法上明定されているわけではないが、一般の災害または事故により、自力でその危険から脱出することの困難な要救護者を、人力、機械力または器具等を用いて安全な場所に救出する業務とされている。救助業務および救急業務は、いずれも災害または事故による危険な状態から住民の生命、身体の安全を守るという点において本質的な差異は認められないが、安全を守るための方法・手段について差異が認められる。すなわち、救助業務が要救護者を安全な場所に救出する業務であるのに対し、救急業務は、被救出者や傷病者に対し、必要に応じ所要の応急処置を施しながら、医療機関等に搬送する業務である点において区別される。

　しかし、現実の救助活動においては、通常、同時に被救出者の搬送を必要とする場合が多く、一方、救急活動といっても、現実には、単なる搬送活動のみではなく、その前段として救助活動的な機能を果していることも事実である。したがって、事故現場における救助業務と救急業務は、その関連性が極めて深く、災害等による人命の救出と安全の確保には、両者の緊密な連携行動が要請される。

Q2 消防機関はどのような場合に救助活動を行うことができるか。また、救助活動の対象となるものはどのようなものか。

消防機関の行う救助活動の要件と対象

A

1 救助活動の要件

　救助活動の要件については、消防法上定められているわけではないが、消防庁の作成にかかる救助統計は、次に掲げる事項のいずれにも該当するものを救助活動として捉えている。
　① 災害または事故によるものであること。
　② 住民または滞在者の生命もしくは身体の現実の危険が迫っているものであること。
　③ 緊急に被害者を安全な場所に救出する必要があるものであること。
　④ 消防機関が行ったものであること。
　これらの事項を整理すると、消防機関の行う救助活動の要件は、「災害または事故により、住民または滞在者の生命もしくは身体に現実の危険が迫っており、緊急に被害者を安全な場所に救出する必要がある場合」ということになり、この要件に該当する場合において、消防機関の救助活動が行われることになる。

2 救助活動の対象

救助活動の対象となる災害または事故の種別については、次のように分類されている。

① 「火災」 消防機関が火災現場において行った避難誘導を含む。
② 「交通事故」 自動車、列車、電車、航空機等の交通機関にかかる衝突、接触、墜落、転落、飛込等による事故
③ 「水難事故」 船舶等の衝突、転覆等による事故、遊泳中の事故、水中への転落事故（自損行為を含む。）等
④ 「風水害等自然災害」 暴風、豪雨、豪雪、洪水、地震、津波、高潮、噴火、なだれ、地すべりその他の異常な自然現象に起因する災害および土砂くずれ、がけくずれ等の事故
⑤ 「機械による事故」 エレベーターによる事故、プレス機械、回転機械、ベルトコンベアー、コンクリートミキサー車、その他の建築機械、工作機械による事故
⑥ 「建物等による事故」 建物、門、棚、へい等の建物に付帯する施設、その他これらに類する工作物の倒壊による事故、建物等内にとじめられている事故、建物等にはさまれる事故等
⑦ 「ガスおよび酸欠事故」 一酸化炭素中毒その他のガス中毒事故、酸素欠乏による事故
⑧ 「爆発事故」 火薬・ガス・粉じん・反応容器の爆発およびボイラー・ボンベの破裂等による事故
⑨ 「その他の事故」 前記①から⑧に掲げる事故以外の事故等で、消防機関による救助を必要とするもの

Q3 消防機関が救助業務を行い得る法的根拠はどこに求めることができるか。
消防機関による救助業務の法的根拠

A

　救助業務は、すでに触れたごとく、災害または事故による要救助者の生命、身体を守るため安全な場所に救出する活動であるが、一言でいえば人命の救助活動である。このような救助業務の法的根拠については、火災時における人命救助、火災・水災以外の自然災害時における人命救助および人為的な事故時における人命救助に分けて考えることができる。

1　火災時における人命救助の法的根拠

(1)　消防組織法上の根拠

　火災時における人命の救助活動は、消防組織法第1条にいう「国民の生命、身体及び財産を火災から保護する」という任務あるいは「これらの災害（水火災または地震等の災害）による被害の軽減」という任務に属し、かつ、要救助者の利益のために行われるもので、その権利や自由を制限するものではない。

　したがって、火災時における人命救助は、任務行為として、消防組織法第1条の任務規定を根拠として合法的に行うことができる。

(2)　消防法上の根拠

　消防法第29条第1項は、「消防吏員または消防団員は、消火若しくは延焼の防止又は人命の救助のために必要があるときは、火災が発生せんとし、又は発生した消防対象物及びこれらのものの在る土地を使

用し、処分し又はその使用を制限することができる。」と規定しているが、この規定の趣旨は、消防吏・団員は、消火、延焼の防止または人命を救助する権限を有し、その権限行使の過程において、必要がある場合は、火災が発生せんと、または発生した消防対象物等の処分（破壊消防）等を行うことができることを意味している。

したがって、火災時における人命救助の法的根拠は、消防法第29条第1項に求めることができる。

以上のように、火災時における人命救助の法的根拠については、消防組織法第1条の任務規定および消防法第29条第1項に求めることができるが、作用法である消防法上の根拠が優先される。

② 火災以外の災害時における人命救助の法的根拠

(1) 消防組織法上の根拠

火災を除く水害、地震等の自然災害時における人命の救助活動は、消防組織法第1条にいう「これらの災害（水火災又は地震等の災害）による被害の軽減」という消防の任務に属し、かつ、要救助者の利益のために行われるものであり、要救助者の権利、自由を制限するものではない。

したがって、これらの自然災害時における人命救助は、任務行為として、消防組織法第1条の任務規定を根拠として合法的に行うことができる。

(2) 消防法上の根拠

火災・水災現場以外の災害については、消防法第36条第7項の規定により、第29条第1項の規定が準用される。

したがって、火災・水災現場以外の災害現場における人命の救助は、消防法第36条第7項において準用する消防法第29条第1項に基づいて行うことができる。

以上のとおり、火災・水災以外の災害現場における人命の救助についても、消防組織法第1条および消防法第29条第1項に求めることができるが、作用法である消防法上の根拠が優先される。

③ 自然災害以外の人為的事故時における人命救助の法的根拠

　消防組織法第1条にいう「これらの災害（水火災又は地震等の災害）による被害の軽減」の文言は、火災の場合を除き、文理上自然災害を意味することが明らかであるから、厳密には、交通事故等の人為的事故をこれらの災害に含め、当該事故における人命救助の法的根拠とすることには、可成り無理がある。

　しかし、実務上は、消防機関が、唯一の第一線実働部隊として、その装備、人員を活用し、火災、自然災害、交通事故、山岳遭難、水難、労働災害等およびすべての救助を要する災害や事故に対処してきた過去の経緯に照らし、また国民の期待からしてもこれらの事故時における救助活動も消防機関の任務と解すべきであるとして運用されている。

　交通事故等の人為的事故時における救助活動が消防の任務に属するか否かの法律問題は、これらの事故が消防組織法第1条の任務規定にいう「…地震等の災害による被害の軽減」に該当するか否かの問題に帰着するものであって、過去の経緯などの事実上の問題や国民の期待感などの心的な問題によって決定されるべき問題ではあるまい。消防組織法第1条の任務規定による明確化が望まれる。

Q4 消防機関の救助業務はどのような法的性質をもっているか。

救助業務の法的性質

A

救助業務は、災害または事故による要救護者を人力、機械力等によって安全な場所に救出する業務であるが、その法的性質については、救急業務の場合と同様に、目的と手段の両面から考えることができる。すなわち、その目的に着目すれば、学問上の給付行政の性質をもち、その手段に着目するときは、非権力的な事実行為の性質を有する。

1 給付行政

救助業務は、災害または事故による要救護者の生命、身体の安全を守ることを目的とする業務、すなわち、要救護者という特定の国民の利益のために行うものであるから、学問上の給付行政の性質を有する。

2 非権力的事実行為

救助業務は、要救護者の身体に何らかの手を加えて（物理的行為によって）、安全な場所に救出する業務であるから事実行為に属し、しかも、救出活動は、要救護者自身または関係者の要請あるいは人命の救助という公益目的のための暗黙の諒解等のもとに行われるものであって、要救護者等の意思に反して強行されることは、通常あり得ない。したがって、救助業務は、非権力的事実行為の性質を有する。

Q5 消防隊は、火災現場以外の災害現場において救助活動を行う場合、現場付近に在る者に対し救助活動の協力を求めることができるか（火災現場以外の災害現場における救助活動の協力要請の可否）。また、救助活動に協力した者が受傷した場合などの補償はどのようになっているか。

救助活動協力者の受傷等に対する補償

A

1 救助活動の協力要請の可否

　消防法上、消防隊が、火災現場以外の災害現場において救助活動を行う場合、現場付近に在る者に対し救助活動の協力を求めることを定めた直接の規定は存在しない。

　しかし、同法第36条第7項は、「…第24条から第29条まで…の規定は、水災を除く他の災害について準用する。」と規定していることから、火災および水災を除く他の災害活動について同法第29条第5項の規定が準用されることになっている。

　ところで、消防法第36条第7項において準用される同法第29条第5項は、「消防吏員又は消防団員は緊急の必要があるときは、火災の現場付近に在る者を消火若しくは延焼の防止又は人命の救助その他の消防作業に従事させることができる。」と規定しているが、ここにいう「緊急の必要があるとき」とは、事態が差し迫っており、一定の権限

を行使する以外に方法がなく、当該権限を行使しなければ重大な結果を招くおそれのある状態を指すと解され、「火災の現場」は、火災および水災以外の災害の現場と読み替えられ、「消防作用」は救助作用あるいは救助活動と読み替えられる。また、「従事させる」とは、従事の要請あるいは協力の要請と同義である。

　以上のことから、消防隊は、消防法第36条第7項において準用する同法第29条第5項に基づき、火・水災以外の災害の現場において、前記要件（緊急の必要があるとき）に該当する場合は、付近に在る者に対し救助作業（活動）の協力を求めることができる。

② 救助業務協力者の受傷等に対する補償

　消防隊の要請により救助活動に協力した者が、その過程において受傷等があった場合は、消防隊の適法な行為による偶発的な損害の発生、つまり消防法第36条第7項において準用する同法第29条第5項に基づく協力要請により救助活動に協力した者が、たまたま受傷などの損害を受けたものであるから、結果責任に基づく損害の賠償として、消防法第36条の3の規定により、消防隊の属する市町村がその損害を補償することになる。

Q6
消防隊は、火災以外の災害や事故現場において、人命の救助のため必要に応じ建物や機械等を破壊することができるか。また、この場合、損害の補償についてはどのようになっているか。

火災以外の災害・事故現場における救助活動と建物等の破壊の可否および損失の補償

A

消防法第36条第7項は、「……第24条から第29条まで……の規定は、水災を除く他の災害について準用する。」と定めているが、ここにいう「災害」には、自然災害のほか比較的小規模な人為的事故も含まれると解されている。

したがって、火災および水災以外の自然災害や比較的小規模な人為的事故にも消防法第29条第3項の規定が準用されることになる。

ところで、消防法第36条第7項において準用さる同法第29条第3項は、「消防長若しくは消防署長、……は、消火若しくは延焼の防止又は人命の救助のために緊急の必要があるときは、……消防対象物及び土地を使用し、処分し又はその使用を制限することができる。この場合においては、そのために損害を受けた者からその損失の補償の要求があるときは、時価により、その損失を補償するものとする。」と定めているが、ここにいう「緊急の必要があるとき」とは、事態が差し迫っており、一定の権限を行使する以外に方法がなく、当該権限を行使しなければ重大な結果を招くおそれのある状態を指すと解され、「消防対象物」には建物や機械等が含まれ、また、「処分」とは、物の形状

や性質を変更する行為であるから、これには、建物や機械等の破壊が含まれる。

　したがって、火災および水災以外の災害や事故現場において、緊急の必要があるとき、すなわち建物や機械等を破壊しなければ人命の救助を行い得ない状況下にある場合には、消防隊は、消防法第36条第7項において準用する同法第29条第3項前段に基づき人命救助のために必要な限度内において、建物や機械等を破壊することができる。この場合、損害を受けた者から損失の補償の要求があったときは、時価により、その損失を補償しなければならないが、その補償費用は、当該消防隊の属する市町村が負担することになる（法第29条第3項後段・第4項）。

Q7 消防機関の救助活動と他の行政機関の救助活動との関係は、どのようになっているか。

消防機関の救助活動と他行政機関の救助活動との関係

A

　消防機関の救助活動は、火災時の救助活動の場合を除き、消防組織法第1条の任務規定に定められた「これらの災害による被害の軽減」、すなわち「水火災又は地震等の災害による被害の軽減」を根拠として行われるものであり、そのための物的、人的手段として、市町村は、消防法第36条の2の規定により、人口その他の条件を考慮し、「救助隊の編成、装備及び配置の基準」(昭和61年10月自治省令第22号)で定める基準に従い、人命の救助を行うために必要な特別の救助器具を装備した消防隊を配置することを義務づけている。

　しかし、このことは、市町村における消防機関の救助隊の配置について規定したものにすぎず、他の行政機関(警察や海上保安庁など)の任務や責務に基づく人命救助活動について制約したり、排除するものではない。すなわち、災害または事故による危険から人命や身体の安全を確保するための救助活動は、特定の行政機関が、独占的、かつ、排他的にこれを行うべき性格のものではなく、それぞれの行政機関が、その任務や責務の範囲内において独自に行い得るものであり、その過程において、必要により相互に協力し、効率的に行われるべきものである。

Q8 特別救助隊とそれ以外の救助隊とは、どのような点に違いがあるか。

特別救助隊とそれ以外の救助隊との相違点

A

　救助隊の編成、装備及び配置の基準を定める省令第2条は、「救助隊は、人命の救助に関する専門的な教育を受けた隊員5人以上で編成するよう努めるものとし、省令別表第1に掲げる救助器具及び当該救助器具を積載することができる救助工作車その他の消防自動車1台を備えるものとする。」と規定し、第3条は、その配置基準数を定めている。

　一方、第4条は、「より特別な編成及び装備を備えた救助隊」について、人口10万人以上の消防常備市町村は必ず、また、人口10万人未満の消防常備市町村は、一定の困難さを伴う人命の救助が特に必要となると認められる場合に配置すべきことを定めている。

　ところで、特別救助隊とは、この「より特別な編成装備を備えた救助隊」の一般的な呼称であり、具体的には、省令第4条に定める人命の救助に関する専門的な教育を受けた隊員5人以上で編成し、別表第1及び別表第2に掲げる救助器具並びに当該救助器具を積載することができる救助工作車を1台備えた救助隊をいう。

　特別救助隊とそれ以外の救助隊の相違点は、表のとおりである。

	特別救助隊	それ以外の救助隊
救助隊員	人命の救助に関する専門的教育を受けた5人以上で編成する。	人命の救助に関する専門的教育を受けた5人以上で編成することが望ましい。
救助器具	省令別表第1および第2に掲げる救助器具を備える。	省令別表第1に掲げる救助器具を備える。
救助車両	救助工作車	救助工作車であることが望ましい。ただし、すべての救助器具を積載できる消防自動車でもよい。

> **Q9** 国際消防救助隊の行う国際緊急援助活動の法的根拠は何か。また、当該援助活動によって被災した場合の補償はどのようになっているか。
>
> 国際緊急援助活動の法的根拠と被災した場合の補償の有無

A

1 国際消防救助隊の行う国際緊急援助活動の法的根拠

「国際緊急援助隊の派遣に関する法律」第4条第5項の規定によると、市町村は、消防庁長官の要請を受けたときは、その消防機関の職員に国際緊急援助活動を行わせることができる旨が定められている。

このことから、市町村の消防機関は、当該市町村の団体事務として、海外の被災地における救助活動など消防上の国際緊急援助活動を行い得る法的根拠が与えられたことになる。

したがって、市町村の消防機関の職員が海外の被災地において行う国際緊急援助活動は、当該市町村の公務出張の形で行われる。

2 国際消防救助隊が、国際緊急援助活動により被災した場合の補償の有無

市町村の消防機関の職員が行う国際緊急援助活動は、当該市町村の事務、つまり公務のための出張の形で行われる。

ところで、地方公務員の公務上の災害については、その災害の態様

により所要の補償（療養補償、休業補償、傷病補償年金、障害補償、介護補償、遺族補償）がなされることになっている（地方公務員災害補償法第26条～第31条）。

　したがって、市町村の消防機関の職員が国際緊急援助活動を行っている過程において負傷し、又は死亡した場合は、同法により、療養補償や遺族補償が地方公務員災害補償基金から支給されることになる。

　なお、消防職員など職務内容の特殊な職員が、「その生命または身体に対する高度な危険が予見される状況の下において」、「天災等の発生時における人命の救助その他の災害の防禦」に従事し、そのため公務上の災害を受けた場合における当該災害に係る傷病補償年金、障害補償または遺族補償については、特例により、通常の補償額の2分の1の範囲内で加算されることが認められている（同法第46条、同法施行令第2条の3）。

　したがって、海外の被災地における救助活動がこれに該当するものと認められる場合は、その特例の適用を受けることになる。

Q10 国際緊急援助隊と国際消防救助隊とはどのような関係になっているか。

国際緊急援助隊と国際消防救助隊との関係

A

　国際緊急援助隊の派遣に関する法律第4条第5項は、国際緊急援助活動を行う人員を構成員とする国際緊急援助隊と規定しているだけで、国際緊急援助隊について特段の定義づけをしていないが、同法第4条の規定(関係行政機関等の措置)等により、関係省庁、各地方公共団体および国際協力事業団がそれぞれの役割分担に応じ、各自の事務として、各任命権者の指揮命令のもとに、海外の被災現場において国際緊急援助活動を行う人員を総称したものとされている。

　これに対し、国際消防救助隊は、海外に災害が発生した場合、その被災地において救助活動を行う意向を表明している市町村の消防機関の救助隊を総称したもので、その消防本部名および人員は消防庁に登録されている。

　したがって、国際消防救助隊は、国際緊急援助隊の一部を構成し、国際緊急援助活動のうち、救助活動の分野を担当することになる。

救急・救助業務に関連する法令

●消防法〔抄〕〔昭和23年7月24日 法律第186号〕

最終改正 平成20年5月28日法律第41号

〔救急業務の定義〕

第2条第9項 救急業務とは、災害により生じた事故若しくは屋外若しくは公衆の出入する場所において生じた事故〔以下この項において「災害による事故等」という。〕又は政令で定める場合における災害による事故等に準ずる事故その他の事由で政令で定めるものによる傷病者のうち、医療機関その他の場所へ緊急に搬送する必要があるものを、救急隊によつて、医療機関〔厚生労働省令で定める医療機関をいう。〕その他の場所に搬送すること〔傷病者が医師の管理下に置かれるまでの間において、緊急やむを得ないものとして、応急の手当を行うことを含む。〕をいう。

〔都道府県の救急業務等〕

第35条の6 都道府県知事は、救急業務を行なつていない市町村の区域に係る道路の区間で交通事故の発生が頻繁であると認められるものについて当該交通事故により必要とされる救急業務を、関係市町村の意見をきいて、救急業務を行なつている他の市町村に実施するよう要請することができる。この場合において、その要請を受けた市町村は、当該要請に係る救急業務を行なうことができる。

② 都道府県は、救急業務を行なつていない市町村の区域に係る高速自動車国道又は一般国道のうち交通事故により必要とされる救急業務が特に必要な区間として政令で定める区間（前項の要請により救急業務が行なわれている道路の区間を除く。）について、当該救急業務を行なつていない市町村の意見をきいて、当該救急業務を行なうものとする。この場合において、当該救急業務に従事する職員は、地方公務員法（昭和25年法律第261号）の適用については、消防職員とする。

〔救急業務の協力要請等〕

第35条の7 救急隊員は、緊急の必要があるときは、第2条第9項に規定する傷病者の発生した現場付近に在る者に対し、救急業務に協力することを求めることができる。

② 救急隊員は、救急業務の実施に際しては、常に警察官と密接な連絡をとるものとする。

〔救急隊の緊急通行権等〕

第35条の8 第27条の規定は、救急隊について準用する。この場合において、「火災の現場に到着する」とあるのは、「救急業務を実施する」と読み替えるものとする。

② 消防組織法第39条の規定は、第35条の6第2項の規定により都道府県が救急業務を行う場合について準用する。この場合において、同法第39条中「市町村」とあるのは「市町村及び都道府県」と、「消防」とあるのは「救急業務」と、「市町村長」とあるの

は「市町村長及び都道府県知事」と読み替えるものとする。
〔救急隊の編成・装備基準等の政令への委任〕
第35条の9　この章に規定するもののほか、救急隊の編成及び装備の基準その他救急業務の処理に関し必要な事項は、政令で定める。
〔救助隊の配置〕
第36条の2　市町村は、人口その他の条件を考慮して総務省令で定める基準に従い、この法律の規定による人命の救助を行うため必要な特別の救助器具を装備した消防隊を配置するものとする。
〔災害補償〕
第36条の3　第25条第2項（第36条において準用する場合を含む。）又は第29条第5項（第30条の2及び第36条において準用する場合を含む。）の規定により、消火若しくは延焼の防止若しくは人命の救助その他の消防作業に従事した者又は第35条の7第1項の規定により市町村が行う救急業務に協力した者が、そのため死亡し、負傷し、若しくは疾病にかかり又は障害の状態となつた場合においては、市町村は、政令で定める基準に従い条例の定めるところにより、その者又はその者の遺族がこれらの原因によつて受ける損害を補償しなければならない。
②　消防対象物が構造上区分された数個の部分で独立して住居、店舗、事務所又は倉庫その他建物としての用途に供することができるもの（以下この条において「専有部分」という。）がある建築物その他の工作物であり、かつ、専有部分において火災が発生した場合であつて、第25条第1項の規定により、消火若しくは延焼の防止又は人命の救助に従事した者のうち、次に掲げる者以外の者が、そのため死亡し、負傷し、若しくは疾病にかかり又は障害の状態となつたときも、前項と同様とする。
　一　火災が発生した専有部分の各部分の所有者、管理者、占有者その他の総務省令で定める者
　二　火災が発生した専有部分の各部分及び当該各部分以外の部分を、一の者が、総務省令で定めるところにより、住居、店舗、事務所又は倉庫その他建物としての用途に一体として供している場合には、これらの用途に一体として供されている専有部分の各部分の所有者、管理者、占有者その他の総務省令で定める者（前号に掲げる者を除く。）
③　第1項の規定は、都道府県が行う救急業務に協力した者について準用する。
〔傷病者に係る虚偽通報〕
第44条第20号　故なく消防署又は第24条（第36条において準用する場合を含む。）の規定による市町村長の指定した場所に火災発生の虚偽の通報又は第2条第9項の傷病者に係る虚偽の通報をした者

● 消防組織法〔抄〕〔昭和22年12月23日 法律第226号〕

　　　　　最終改正　平成20年5月28日法律第41号
〔消防の任務〕
第1条　消防は、その施設及び人員を活用して、国民の生命、身体及び財産を火災から保護するとともに、水火災又は地震等の災害を防除し、及びこれらの災害による被害を軽減することを任務とする。

● 消防法施行令〔抄〕〔昭和36年3月25日 政令第37号〕

　　　　　最終改正　平成20年9月24日政令第301号
〔災害による事故等に準ずる事故その他の事由の範囲等〕
第42条　法第2条第9項の災害による事故等に準ずる事故その他の事由で政令で定めるものは、屋内において生じた事故又は生命に危険を及ぼし、若しくは著しく悪化するおそれがあると認められる症状を示す疾病とし、同項の政令で定める場合は、当該事故その他の事由による傷病者を医療機関その他の場所に迅速に搬送するための適当な手段がない場合とする。
〔救急隊の編成及び装備の基準〕
第44条　救急隊（次条第1項に定めるものを除く。）は、救急自動車1台及び救急隊員3人以上をもつて、又は航空機1機及び救急隊員2人以上をもつて編成しなければならない。ただし、救急業務の実施に支障がないものとして総務省令で定める場合には、救急自動車1台及び救急隊員2人をもつて編成することができる。
2　前項の救急自動車及び航空機には、傷病者を搬送するに適した設備をするとともに、救急業務を実施するために必要な器具及び材料を備え付けなければならない。
3　第1項の救急隊員は、次の各号のいずれかに該当する消防職員をもつて充てるようにしなければならない。
　一　救急業務に関する講習で総務省令で定めるものの課程を修了した者
　二　救急業務に関し前号に掲げる者と同等以上の学識経験を有する者として総務省令で定める者
〔回転翼航空機による救急隊の編成および装備の基準〕
第44条の2　消防組織法（昭和22年法律第226号）第30条第1項の規定に基づき、都道府県がその区域内の市町村の長の要請に応じ、航空機を用いて、当該市町村の消防を支援する場合の救急隊は、航空機1機及び救急隊員2人以上をもつて編成しなければならない。
2　前項の航空機には、傷病者を搬送するに適した設備をするとともに、救急業務を実施するために必要な器具及び材料を備え付けなければならない。

3 第1項の救急隊員は、次の各号のいずれかに該当する都道府県の職員をもつて充てるようにしなければならない。
一 救急業務に関する講習で総務省令で定めるものの課程を修了した者
二 救急業務に関し前号に掲げる者と同等以上の学識経験を有する者として総務省令で定める者

●消防法施行規則〔抄〕〔昭和36年4月1日 自治省令第6号〕

最終改正 平成20年12月26日総務省令第155号

(救急隊の編成の基準の特例)
第50条 令第44条第1項の総務省令で定める場合は、傷病者を一の医療機関から他の医療機関へ搬送する場合であつて、これらの医療機関に勤務する医師、看護師、准看護師又は救急救命士が救急自動車に同乗している場合とする。

(救急業務に関する講習)
第51条 令第44条第3項第1号及び令第44条の2第3項第1号の総務省令で定める救急業務に関する講習は、消防庁長官、都道府県知事又は市町村長が行う次の表に掲げる課目及び時間数以上のものとする。

課目	範囲	時間数
救急業務の総論	沿革、意義、隊員の責務等	4時間
応急処置に必要な解剖・生理	総論、身体各部の名称及び皮膚系、骨格系、筋系、呼吸系、循環系、消化系、泌尿系、神経系、感覚系、生殖系その他の系	8時間
応急処置の基礎及び実技	観察等(観察・判断及び既往症等の聴取)、心肺そ生(気道確保、異物除去、人工呼吸、胸骨圧迫心マッサージ(人工呼吸との併用を含む。)及び酸素吸入)、止血(直接圧迫及び間接圧迫による止血)、被覆、固定、保温、体位管理及び搬送等(各種搬送、救出及び車内看護)	42時間
傷病別応急処置	外傷(出血、ショック、創傷、頭部外傷、顔面外傷、眼外傷、頸部外傷、胸部外傷、腹部外傷、性器外傷、脊椎(脊髄)外傷、四肢外傷及び多発外傷)、特殊傷病(熱傷、日(熱)射病、寒冷損傷、電撃傷、爆傷、酸欠、溺水、潜函病、急性中毒、気道等の異物、急性放射線障害及び動物による咬傷・刺傷)及び疾病(心発作、意識障害、けいれん、高熱、呼吸困難、腹痛、性器出血、精神障害及び老人・小児の疾患)の応急処置並びに分娩及び新生児の取扱い	43時間
救急用器具・材料の取扱い	救急用器具・材料の操作法、保管・管理及び消毒	7時間
救急実務及び関係法規	多数傷病者発生事故及び死亡事故の取扱い、救急活動の通信システム及びその運用、救急現場における活動要領及び注意事項、救急活動の記録並びに救急業務の関係機関及び関係法規	10時間

実地研修、教育効果測定及び行事	医療機関及び現場における実地研修、実技試験及び学科試験並びに開講式、閉講式その他の行事	21時間
合計		135時間

(救急業務に関する講習の課程を修了した者と同等以上の学識経験を有する者)

第51条の2 令第44条第3項第2号及び令第44条の2第3項第2号の総務省令で定める者は、次の各号に掲げる者とする。

一 救急救命士法(平成3年法律第36号)第3条の規定による救急救命士の免許を受けている者

二 消防庁長官が前条に定める講習の課程を修了した者と同等以上の学識経験を有すると認定した者

●救急救命士法〔抄〕〔平成3年4月23日 法律第36号〕

最終改正 平成19年6月27日法律第96号

〔目的〕

第1条 この法律は、救急救命士の資格を定めるとともに、その業務が適正に運用されるように規律し、もって医療の普及及び向上に寄与することを目的とする。

〔定義〕

第2条 この法律で「救急救命処置」とは、その症状が著しく悪化するおそれがあり、又はその生命が危険な状態にある傷病者(以下この項及び第44条第2項において「重度傷病者」という。)が病院又は診療所に搬送されるまでの間に、当該重度傷病者に対して行われる気道の確保、心拍の回復その他の処置であって、当該重度傷病者の症状の著しい悪化を防止し、又はその生命の危険を回避するために緊急に必要なものをいう。

② この法律で「救急救命士」とは、厚生労働大臣の免許を受けて、救急救命士の名称を用いて、医師の指示の下に、救急救命処置を行うことを業とする者をいう。

〔免許〕

第3条 救急救命士になろうとする者は、救急救命士国家試験(以下「試験」という。)に合格し、厚生労働大臣の免許(第34条第5号を除き、以下「免許」という。)を受けなければならない。

〔相対的欠格事由〕

第4条 次の各号のいずれかに該当する者には、免許を与えないことがある。

一 罰金以上の刑に処せられた者

二 前号に該当する者を除くほか、救急救命士の業務に関し犯罪又は不正の行為があった者

三　心身の障害により救急救命士の業務を適正に行うことができない者として厚生労働省令で定めるもの
四　麻薬、大麻又はあへんの中毒者

〔免許の取消し等〕
第9条　救急救命士が第4条各号のいずれかに該当するに至ったときは、厚生労働大臣は、その免許を取り消し、又は期間を定めて救急救命士の名称の使用の停止を命ずることができる。
②　前項の規定により免許を取り消された者であっても、その者がその取消しの理由となった事項に該当しなくなったとき、その他その後の事情により再び免許を与えるのが適当であると認められるに至ったときは、再免許を与えることができる。この場合においては、第6条の規定を準用する。

〔業務〕
第43条　救急救命士は、保健師助産師看護師法（昭和23年法律第203号）第31条第1項及び第32条の規定にかかわらず、診療の補助として救急救命処置を行うことを業とすることができる。
②　前項の規定は、第9条第1項の規定により救急救命士の名称の使用の停止を命ぜられている者については、適用しない。

〔特定行為等の制限〕
第44条　救急救命士は、医師の具体的な指示を受けなければ、厚生労働省令で定める救急救命処置を行ってはならない。
②　救急救命士は、救急用自動車その他の重度傷病者を搬送するためのものであって厚生労働省令で定めるもの（以下この項及び第53条第2号において「救急用自動車等」という。）以外の場所においてその業務を行ってはならない。ただし、病院又は診療所への搬送のため重度傷病者を救急用自動車等に乗せるまでの間において救急救命処置を行うことが必要と認められる場合は、この限りでない。

〔他の医療関係者との連携〕
第45条　救急救命士は、その業務を行うに当たっては、医師その他の医療関係者との緊密な連携を図り、適正な医療の確保に努めなければならない。

〔救急救命処置録〕
第46条　救急救命士は、救急救命処置を行ったときは、遅滞なく厚生労働省令で定める事項を救急救命処置録に記載しなければならない。
②　前項の救急救命処置録であって、厚生労働省令で定める機関に勤務する救急救命士のした救急救命処置に関するものはその機関につき厚生労働大臣が指定する者において、その他の救急救命処置に関するものはその救急救命士において、その記載の日から5年間、これを保存しなければならない。

〔秘密を守る義務〕
第47条　救急救命士は、正当な理由がなく、その業務上知り得た人の秘密を漏らしてはならない。救急救命士でなくなった後においても、同様とする。

〔罰則〕
第53条　次の各号のいずれかに該当する者は、6月以下の懲役若しくは30万円以下の罰金に処し、又はこれを併科する。
　一　第44条第1項の規定に違反して、同項の規定に基づく厚生労働省令の規定で定める救急救命処置を行った者
　二　第44条第2項の規定に違反して、救急用自動車等以外の場所で業務を行った者
〔罰則〕
第54条　第47条の規定に違反して、業務上知り得た人の秘密を漏らした者は、50万円以下の罰金に処する。
②　前項の罪は、告訴がなければ公訴を提起することができない。
〔罰則〕
第55条　次の各号のいずれかに該当する者は、30万円以下の罰金に処する。
　一　第9条第1項の規定により救急救命士の名称の使用の停止を命ぜられた者で、当該停止を命ぜられた期間中に、救急救命士の名称を使用したもの
　二　第46条第1項の規定に違反して、救急救命処置録に記載せず、又は救急救命処置録に虚偽の記載をした者
　三　第46条第2項の規定に違反して、救急救命処置録を保存しなかった者
　四　第48条の規定に違反して、救急救命士又はこれに紛らわしい名称を使用した者

●救急救命士法施行規則〔抄〕〔平成3年8月14日 厚生省令第44号〕

　　　　最終改正　平成19年12月25日厚生労働省令第152号
〔救急業務に関する講習の内容等〕
第14条　法第34条第4号の厚生労働省令で定める救急業務に関する講習は、別表に掲げる科目及び時間数以上のものとする。
〔救急救命処置〕
第21条　法第44条第1項の厚生労働省令で定める救急救命処置は、重度傷病者（その症状が著しく悪化するおそれがあり、又はその生命が危険な状態にある傷病者をいう。以下次条において同じ。）のうち心肺機能停止状態の患者に対するものであって、次に掲げるものとする。
　一　厚生労働大臣の指定する薬剤を用いた静脈路確保のための輸液
　二　厚生労働大臣の指定する器具による気道確保
　三　厚生労働大臣の指定する薬剤の投与
〔救急用自動車等〕
第22条　法第44条第2項の厚生労働省令で定めるものは、重度傷病者の搬送のために使用する救急用自動車、船舶及び航空機であって、法第2条第1項の医師の指示を

受けるために必要な通信設備その他の救急救命処置を適正に行うために必要な構造設備を有するものとする。
〔救急救命処置録の記載事項〕
第23条　法第46条第1項の厚生労働省令で定める救急救命処置録の記載事項は、次のとおりとする。
　一　救急救命処置を受けた者の住所、氏名、性別及び年齢
　二　救急救命処置を行った者の氏名
　三　救急救命処置を行った年月日
　四　救急救命処置を受けた者の状況
　五　救急救命処置の内容
　六　指示を受けた医師の氏名及びその指示内容
〔厚生省令で定める機関〕
第24条　法第46条第2項の厚生労働省令で定める機関は、病院、診療所及び消防機関とする。

●医師法〔抄〕〔昭和23年7月30日　法律第201号〕

最終改正　平成19年6月27日法律第96号

〔非医師の医業禁止〕
第17条　医師でなければ、医業をなしてはならない。
〔医師の診療義務等〕
第19条　診療に従事する医師は、診察治療の求があつた場合には、正当な事由がなければ、これを拒んではならない。
②　診察若しくは検案をし、又は出産に立ち会つた医師は、診断書若しくは検案書又は出生証明書若しくは死産証書の交付の求があつた場合には、正当の事由がなければ、これを拒んではならない。
〔異状死体等の届出義務〕
第21条　医師は、死体又は妊娠4月以上の死産児を検案して異状があると認めたときは、24時間以内に所轄警察署に届け出なければならない。
〔罰則〕
第31条　次の各号のいずれかに該当する者は、3年以下の懲役若しくは100万円以下の罰金に処し、又はこれを併科する。
　一　第17条の規定に違反した者
　二　虚偽又は不正の事実に基づいて医師免許を受けた者
②　前項第1号の罪を犯した者が、医師又はこれに類似した名称を用いたものであるときは、3年以下の懲役若しくは200万円以下の罰金に処し、又はこれを併科する。

●道路交通法〔抄〕〔昭和35年6月25日 法律第105号〕

最終改正　平成19年6月20日法律第90号

〔緊急自動車の通行区分等〕
第39条　緊急自動車（消防用自動車、救急用自動車その他の政令で定める自動車で、当該緊急用務のため、政令で定めるところにより、運転中のものをいう。以下同じ。）は、第17条第5項に規定する場合のほか、追越しをするためその他やむを得ない必要があるときは、同条第4項の規定にかかわらず、道路の右側部分にその全部又は一部をはみ出して通行することができる。
②　緊急自動車は、法令の規定により停止しなければならない場合においても、停止することを要しない。この場合においては、他の交通に注意して徐行しなければならない。

〔緊急自動車の優先〕
第40条　交差点又はその附近において、緊急自動車が接近してきたときは、路面電車は交差点を避けて、車両（緊急自動車を除く。以下この条において同じ。）は交差点を避け、かつ、道路の左側（一方通行となつている道路においてその左側に寄ることが緊急自動車の通行を妨げることとなる場合にあつては、道路の右側。次項において同じ。）に寄つて一時停止しなければならない。
②　前項以外の場所において、緊急自動車が接近してきたときは、車両は、道路の左側に寄つて、これに進路を譲らなければならない。
（罰則　第120条第1項第2号）

〔交通事故の場合の措置〕
第72条　交通事故があつたときは、当該交通事故に係る車両等の運転者その他の乗務員（以下この節において「運転者等」という。）は、直ちに車両等の運転を停止して、負傷者を救護し、道路における危険を防止する等必要な措置を講じなければならない。この場合において、当該車両等の運転者（運転者が死亡し、又は負傷したためやむを得ないときは、その他の乗務員。以下次項において同じ。）は、警察官が現場にいるときは当該警察官に、警察官が現場にいないときは直ちに最寄りの警察署（派出所又は駐在所を含む。以下次項において同じ。）の警察官に当該交通事故が発生した日時及び場所、当該交通事故における死傷者の数及び負傷者の負傷の程度並びに損壊した物及びその損壊の程度、当該交通事故に係る車両等の積載物並びに当該交通事故について講じた措置を報告しなければならない。
②　前項後段の規定により報告を受けたもよりの警察署の警察官は、負傷者を救護し、又は道路における危険を防止するため必要があると認めるときは、当該報告をした運転者に対し、警察官が現場に到着するまで現場を去つてはならない旨を命ずることができる。
③　前2項の場合において、現場にある警察官は、当該車両等の運転者等に対し、負傷者を救護し、又は道路における危険を防止し、その他交通の安全と円滑を図るため必

要な指示をすることができる。
④ 緊急自動車若しくは傷病者を運搬中の車両又は乗合自動車、トロリーバス若しくは路面電車で当該業務に従事中のものの運転者は、当該業務のため引き続き当該車両等を運転する必要があるときは、第1項の規定にかかわらず、その他の乗務員に第1項前段に規定する措置を講じさせ、又は同項後段に規定する報告をさせて、当該車両等の運転を継続することができる。

● 道路交通法施行令〔抄〕〔昭和35年10月11日 政令第270号〕

　　　　最終改正　平成20年4月25日政令第149号

〔サイレンの鳴吹等〕
第14条 前条第1項に規定する自動車は、緊急の用務のため運転するときは、道路運送車両法第3章及びこれに基づく命令の規定（道路運送車両法の規定が適用されない自衛隊用自動車については、自衛隊法第114条第2項の規定による防衛大臣の定め。以下「車両の保安基準に関する規定」という。）により設けられるサイレンを鳴らし、かつ、赤色の警光灯をつけなければならない。ただし、警察用自動車が法第22条の規定に違反する車両又は路面電車（以下「車両等」という。）を取り締まる場合において、特に必要があると認めるときは、サイレンを鳴らすことを要しない。

● 自動車損害賠償保障法〔抄〕〔昭和30年7月29日 法律第97号〕

　　　　最終改正　平成20年6月13日法律第65号

〔目的〕
第1条 この法律は、自動車の運行によつて人の生命又は身体が害された場合における損害賠償を保障する制度を確立することにより、被害者の保護を図り、あわせて自動車運送の健全な発達に資することを目的とする。

〔定義〕
第2条 この法律で「自動車」とは、道路運送車両法（昭和26年法律第185号）第2条第2項に規定する自動車（農耕作業の用に供することを目的として製作した小型特殊自動車を除く。）及び同条第3項に規定する原動機付自転車をいう。
② この法律で「運行」とは、人又は物を運送するとしないとにかかわらず、自動車を当該装置の用い方に従い用いることをいう。
③ この法律で「保有者」とは、自動車の所有者その他自動車を使用する権利を有する者で、自己のために自動車を運行の用に供するものをいう。

④　この法律で「運転者」とは、他人のために自動車の運転又は運転の補助に従事する者をいう。
〔自動車損害賠償責任〕
第3条　自己のために自動車を運行の用に供する者は、その運行によつて他人の生命又は身体を害したときは、これによつて生じた損害を賠償する責に任ずる。ただし、自己及び運転者が自動車の運行に関し注意を怠らなかつたこと、被害者又は運転者以外の第三者に故意又は過失があつたこと並びに自動車に構造上の欠陥又は機能の障害がなかつたことを証明したときは、この限りでない。
〔民法の適用〕
第4条　自己のために自動車を運行の用に供する者の損害賠償の責任については、前条の規定によるほか、民法（明治29年法律第89号）の規定による。
〔保険会社に対する損害賠償額の請求〕
第16条　第3条の規定による保有者の損害賠償の責任が発生したときは、被害者は、政令で定めるところにより、保険会社に対し、保険金額の限度において、損害賠償額の支払をなすべきことを請求することができる。
②　被保険者が被害者に損害の賠償をした場合において、保険会社が被保険者に対してその損害をてん補したときは、保険会社は、そのてん補した金額の限度において、被害者に対する前項の支払の義務を免れる。
③　第1項の規定により保険会社が被害者に対して損害賠償額の支払をしたときは、保険契約者又は被保険者の悪意によつて損害が生じた場合を除き、保険会社が、責任保険の契約に基づき被保険者に対して損害をてん補したものとみなす。
④　保険会社は、保険契約者又は被保険者の悪意によつて損害が生じた場合において、第1項の規定により被害者に対して損害賠償額の支払をしたときは、その支払つた金額について、政府に対して補償を求めることができる。

● 日本国憲法〔抄〕〔昭和21年11月3日 憲法〕

〔個人の尊重・幸福追求権・公共の福祉〕
第13条　すべて国民は、個人として尊重される。生命、自由及び幸福追求に対する国民の権利については、公共の福祉に反しない限り、立法その他の国政の上で、最大の尊重を必要とする。
〔国及び公共団体の賠償責任〕
第17条　何人も、公務員の不法行為により、損害を受けたときは、法律の定めるところにより、国又は公共団体に、その賠償を求めることができる。

●地方公務員法〔抄〕〔昭和25年12月13日 法律第261号〕

最終改正　平成19年12月5日法律第128号

〔秘密を守る義務〕

第34条　職員は、職務上知り得た秘密を漏らしてはならない。その職を退いた後も、また、同様とする。

②　法令による証人、鑑定人等となり、職務上の秘密に属する事項を発表する場合においては、任命権者（退職者については、その退職した職又はこれに相当する職に係る任命権者）の許可を受けなければならない。

③　前項の許可は、法律に特別の定がある場合を除く外、拒むことができない。

〔罰則〕

第60条　左の各号の一に該当する者は、1年以下の懲役又は3万円以下の罰金に処する。

一　省略

二　第34条第1項又は第2項の規定（第9条の2第12項において準用する場合を含む。）に違反して秘密を漏らした者

三　省略

●国家賠償法〔抄〕〔昭和22年10月27日 法律第125号〕

〔公権力の行使の基づく損害の賠償責任、求償権〕

第1条　国又は公共団体の公権力の行使に当る公務員が、その職務を行うについて、故意又は過失によつて違法に他人に損害を加えたときは、国又は公共団体が、これを賠償する責に任ずる。

②　前項の場合において、公務員に故意又は重大な過失があつたときは、国又は公共団体は、その公務員に対して求償権を有する。

〔公の営造物の設置管理の瑕疵に基づく損害の賠償責任・求償権〕

第2条　道路、河川その他の公の営造物の設置又は管理に瑕疵があつたために他人に損害を生じたときは、国又は公共団体は、これを賠償する責に任ずる。

②　前項の場合において、他に損害の原因について責に任ずべき者があるときは、国又は公共団体は、これに対して求償権を有する。

〔賠償責任者〕

第3条　前2条の規定によつて国又は公共団体が損害を賠償する責に任ずる場合において、公務員の選任若しくは監督又は公の営造物の設置若しくは管理に当る者と公務員の俸給、給与その他の費用又は公の営造物の設置若しくは管理の費用を負担する者とが異なるときは、費用を負担する者もまた、その損害を賠償する責に任ずる。

② 前項の場合において、損害を賠償した者は、内部関係でその損害を賠償する責任ある者に対して求償権を有する。
〔民法の適用〕
第4条　国又は公共団体の損害賠償の責任については、前3条の規定によるの外、民法の規定による。
〔他の法律の適用〕
第5条　国又は公共団体の損害賠償の責任について民法以外の他の法律に別段の定があるときは、その定めるところによる。
〔相互の保障主義〕
第6条　この法律は、外国人が被害者である場合には、相互の保証があるときに限り、これを適用する。

●民法〔抄〕〔明治29年4月27日 法律第89号〕

　　　　最終改正　平成18年6月21日法律第78号

〔成年〕
第4条　年齢20歳をもって、成年とする。
〔未成年者の行為能力〕
第5条　未成年者が法律行為をするには、その法定代理人の同意を得なければならない。ただし、単に権利を得、又は義務を免れる法律行為については、この限りでない。
②　前項の規定に反する法律行為は、取り消すことができる。
③　第1項の規定にかかわらず、法定代理人が目的を定めて処分を許した財産は、その目的の範囲内において、未成年者が自由に処分することができる。目的を定めないで処分を許した財産を処分するときも、同様とする。
〔債務不履行による損害賠償の要件〕
第415条　債務者がその債務の本旨に従った履行をしないときは、債権者は、これによって生じた損害の賠償を請求することができる。債務者の責めに帰すべき事由によって履行をすることができなくなったときも、同様とする。
〔金銭賠償の原則〕
第417条　損害賠償は、別段の意思表示がないときは、金銭をもってその額を定める。
〔管理者の管理義務〕
第697条　義務なく他人のために事務の管理を始めた者(以下この章において「管理者」という。)は、その事務の性質に従い、最も本人の利益に適合する方法によって、その事務の管理(以下「事務管理」という。)をしなければならない。
②　管理者は、本人の意思を知っているとき、又はこれを推知することができるとき

は、その意思に従って事務管理をしなければならない。
〔緊急事務管理〕
第698条 管理者は、本人の身体、名誉又は財産に対する急迫の危害を免れさせるために事務管理をしたときは、悪意又は重大な過失があるのでなければ、これによって生じた損害を賠償する責任を負わない。
〔管理者の費用償還請求権〕
第702条 管理者は、本人のために有益な費用を支出したときは、本人に対し、その償還を請求することができる。
② 第650条第2項の規定は、管理者が本人のために有益な債務を負担した場合について準用する。
③ 管理者が本人の意思に反して事務管理をしたときは、本人が現に利益を受けている限度においてのみ、前2項の規定を適用する。
〔不法行為の一般的要件・効果〕
第709条 故意又は過失によって他人の権利又は法律上保護される利益を侵害した者は、これによって生じた損害を賠償する責任を負う。
〔近親者の慰謝料請求権〕
第711条 他人の生命を侵害した者は、被害者の父母、配偶者及び子に対しては、その財産権が侵害されなかった場合においても、損害の賠償をしなければならない。
〔心神喪失者の責任能力〕
第713条 精神上の障害により自己の行為の責任を弁識する能力を欠く状態にある間に他人に損害を加えた者は、その賠償の責任を負わない。ただし、故意又は過失によって一時的にその状態を招いたときは、この限りでない。
〔責任無能力者の監督義務者等の責任〕
第714条 前2条の規定により責任無能力者がその責任を負わない場合において、その責任無能力者を監督する法定の義務を負う者は、その責任無能力者が第三者に加えた損害を賠償する責任を負う。ただし、監督義務者がその義務を怠らなかったとき、又はその義務を怠らなくても損害が生ずべきであったときは、この限りでない。
〔使用者の責任〕
第715条 ある事業のために他人を使用する者は、被用者がその事業の執行について第三者に加えた損害を賠償する責任を負う。ただし、使用者が被用者の選任及びその事業の監督について相当の注意をしたとき、又は相当の注意をしても損害が生ずべきであったときは、この限りでない。
② 使用者に代わって事業を監督する者も、前項の責任を負う。
③ 前2項の規定は、使用者又は監督者から被用者に対する求償権の行使を妨げない。
〔土地の工作物等の占有者及び所有者の責任〕
第717条 土地の工作物の設置又は保存に瑕疵があることによって他人に損害を生じたときは、その工作物の占有者は、被害者に対してその損害を賠償する責任を負う。ただし、占有者が損害の発生を防止するのに必要な注意をしたときは、所有者がそ

の損害を賠償しなければならない。
② 前項の規定は、竹木の栽植又は支持に瑕疵がある場合について準用する。
③ 前2項の場合において、損害の原因について他にその責任を負う者があるときは、占有者又は所有者は、その者に対して求償権を行使することができる。

〔共同不法行為者の責任〕
第719条 数人が共同の不法行為によって他人に損害を加えたときは、各自が連帯してその損害を賠償する責任を負う。共同行為者のうちいずれの者がその損害を加えたかを知ることができないときも、同様とする。
② 行為者を教唆した者及び幇助した者は、共同行為者とみなして、前項の規定を適用する。

〔正当防衛、緊急避難〕
第720条 他人の不法行為に対し、自己又は第三者の権利又は法律上保護される利益を防衛するため、やむを得ず加害行為をした者は、損害賠償の責任を負わない。ただし、被害者から不法行為をした者に対する損害賠償の請求を妨げない。
② 前項の規定は、他人の物から生じた急迫の危難を避けるためその物を損傷した場合について準用する。

〔損害賠償の方法、過失相殺〕
第722条 第417条の規定は、不法行為による損害賠償について準用する。
② 被害者に過失があったときは、裁判所は、これを考慮して、損害賠償の額を定めることができる。

〔損害賠償請求権の消滅時効〕
第724条 不法行為による損害賠償の請求権は、被害者又はその法定代理人が損害及び加害者を知った時から3年間行使しないときは、時効によって消滅する。不法行為の時から20年を経過したときも、同様とする。

● **民事訴訟法**〔抄〕〔平成8年6月26日 法律第109号〕

最終改正 平成19年6月27日法律第95号

〔証人義務〕
第190条 裁判所は、特別の定めがある場合を除き、何人でも証人として尋問することができる。

〔公務員の尋問〕
第191条 公務員又は公務員であった者を証人として職務上の秘密について尋問する場合には、裁判所は、当該監督官庁(衆議院若しくは参議院の議員又はその職にあった者についてはその院、内閣総理大臣その他の国務大臣又はその職にあった者については内閣)の承認を得なければならない。

② 前項の承認は、公共の利益を害し、又は公務の遂行に著しい支障を生ずるおそれがある場合を除き、拒むことができない。

〔不出頭に対する過料等〕
第192条　証人が正当な理由なく出頭しないときは、裁判所は、決定で、これによって生じた訴訟費用の負担を命じ、かつ、10万円以下の過料に処する。
② 前項の決定に対しては、即時抗告をすることができる。

〔不出頭に対する罰金等〕
第193条　証人が正当な理由なく出頭しないときは、10万円以下の罰金又は拘留に処する。
② 前項の罪を犯した者には、情状により、罰金及び拘留を併科することができる。

〔勾引〕
第194条　裁判所は、正当な理由なく出頭しない証人の勾引を命ずることができる。
② 刑事訴訟法中勾引に関する規定は、前項の勾引について準用する。

〔証言拒絶権〕
第197条　次に掲げる場合には、証人は、証言を拒むことができる。
一　第191条第1項の場合
二　医師、歯科医師、薬剤師、医薬品販売業者、助産師、弁護士（外国法事務弁護士を含む。）、弁理士、弁護人、公証人、宗教、祈祷若しくは祭祀の職にある者又はこれらの職にあった者が職務上知り得た事実で黙秘すべきものについて尋問を受ける場合
三　技術又は職業の秘密に関する事項について尋問を受ける場合
② 前項の規定は、証人が黙秘の義務を免除された場合には、適用しない。

〔和解調書等の効力〕
第267条　和解又は請求の放棄若しくは認諾を調書に記載したときは、その記載は、確定判決と同一の効力を有する。

● **刑法〔抄〕**〔明治40年4月24日 法律第45号〕

最終改正　平成19年5月23日法律第54号

〔正当行為〕
第35条　法令又は正当な業務による行為は、罰しない。

〔正当防衛〕
第36条　急迫不正の侵害に対して、自己又は他人の権利を防衛するため、やむを得ずにした行為は、罰しない。
② 防衛の程度を超えた行為は、情状により、その刑を減軽し、又は免除することができる。

〔緊急避難〕
第37条　自己又は他人の生命、身体、自由又は財産に対する現在の危難を避けるため、やむを得ずにした行為は、これによって生じた害が避けようとした害の程度を超えなかった場合に限り、罰しない。ただし、その程度を超えた行為は、情状により、その刑を減軽し、又は免除することができる。
② 前項の規定は、業務上特別の義務がある者には、適用しない。
〔故意〕
第38条　罪を犯す意思がない行為は、罰しない。ただし、法律に特別の規定がある場合は、この限りでない。
② 重い罪に当たるべき行為をしたのに、行為の時にその重い罪に当たることとなる事実を知らなかった者は、その重い罪によって処断することはできない。
③ 法律を知らなかったとしても、そのことによって、罪を犯す意思がなかったとすることはできない。ただし、情状により、その刑を減軽することができる。
〔心神喪失及び心神耗弱〕
第39条　心神喪失者の行為は、罰しない。
② 心神耗弱者の行為は、その刑を減軽する。
〔責任年齢〕
第41条　14歳に満たない者の行為は、罰しない。
〔公務執行妨害及び職務強要〕
第95条　公務員が職務を執行するに当たり、これに対して暴行又は脅迫を加えた者は、3年以下の懲役若しくは禁錮又は50万円以下の罰金に処する。
② 公務員に、ある処分をさせ、若しくはさせないため、又はその職を辞させるために、暴行又は脅迫を加えた者も、前項と同様とする。
〔住居侵入等〕
第130条　正当な理由がないのに、人の住居若しくは人の看守する邸宅、建造物若しくは艦船に侵入し、又は要求を受けたにもかかわらずこれらの場所から退去しなかった者は、3年以下の懲役又は10万円以下の罰金に処する。
〔偽証〕
第169条　法律により宣誓した証人が虚偽の陳述をしたときは、3月以上10年以下の懲役に処する。
〔傷害〕
第204条　人の身体を傷害した者は、15年以下の懲役又は50万円以下の罰金に処する。
〔傷害致死〕
第205条　身体を傷害し、よって人を死亡させた者は、3年以上の有期懲役に処する。
〔暴行〕
第208条　暴行を加えた者が人を傷害するに至らなかったときは、2年以下の懲役若しくは30万円以下の罰金又は拘留若しくは科料に処する。
〔過失傷害〕

第209条　過失により人を傷害した者は、30万円以下の罰金又は科料に処する。
② 　前項の罪は、告訴がなければ公訴を提起することができない。
〔過失致死〕
第210条　過失により人を死亡させた者は、50万円以下の罰金に処する。
〔業務上過失致死傷等〕
第211条　業務上必要な注意を怠り、よって人を死傷させた者は、5年以下の懲役若しくは禁錮又は100万円以下の罰金に処する。重大な過失により人を死傷させた者も、同様とする。
2 　自動車の運転上必要な注意を怠り、よって人を死傷させた者は、7年以下の懲役若しくは禁錮又は100万円以下の罰金に処する。ただし、その傷害が軽いときは、情状により、その刑を免除することができる。
〔脅迫〕
第222条　生命、身体、自由、名誉又は財産に対し害を加える旨を告知して人を脅迫した者は、2年以下の懲役又は30万円以下の罰金に処する。
② 　親族の生命、身体、自由、名誉又は財産に対し害を加える旨を告知して人を脅迫した者も、前項と同様とする。
〔強要〕
第223条　生命、身体、自由、名誉若しくは財産に対し害を加える旨を告知して脅迫し、又は暴行を用いて、人に義務のないことを行わせ、又は権利の行使を妨害した者は、3年以下の懲役に処する。
② 　親族の生命、身体、自由、名誉又は財産に対し害を加える旨を告知して脅迫し、人に義務のないことを行わせ、又は権利の行使を妨害した者も、前項と同様とする。
③ 　前2項の罪の未遂は、罰する。
〔名誉毀損〕
第230条　公然と事実を摘示し、人の名誉を毀損した者は、その事実の有無にかかわらず、3年以下の懲役若しくは禁錮又は50万円以下の罰金に処する。
② 　死者の名誉を毀損した者は、虚偽の事実を摘示することによってした場合でなければ、罰しない。
〔公共の利害に関する場合の特例〕
第230条の2　前条第1項の行為が公共の利害に関する事実に係り、かつ、その目的が専ら公益を図ることにあったと認める場合には、事実の真否を判断し、真実であることの証明があったときは、これを罰しない。
② 　前項の規定の適用については、公訴が提起されるに至っていない人の犯罪行為に関する事実は、公共の利害に関する事実とみなす。
③ 　前条第1項の行為が公務員又は公選による公務員の候補者に関する事実に係る場合には、事実の真否を判断し、真実であることの証明があったときは、これを罰しない。
〔器物損壊等〕

第261条　前3条に規定するもののほか、他人の物を損壊し、又は傷害した者は、3年以下の懲役又は30万円以下の罰金若しくは科料に処する。

●刑事訴訟法〔抄〕〔昭和23年7月10日 法律第131号〕

最終改正　平成20年6月18日法律第71号

〔出頭義務違反と過料等〕
第150条　召喚を受けた証人が正当な理由がなく出頭しないときは、決定で、10万円以下の過料に処し、かつ、出頭しないために生じた費用の賠償を命ずることができる。
②　前項の決定に対しては、即時抗告をすることができる。

〔出頭義務違反と刑罰〕
第151条　証人として召喚を受け正当な理由がなく出頭しない者は、10万円以下の罰金又は拘留に処する。
②　前項の罪を犯した者には、情状により、罰金及び拘留を併科することができる。

〔再度の召喚・勾引〕
第152条　召喚に応じない証人に対しては、更にこれを召喚し、又はこれを勾引することができる。

〔被疑者の出頭要求・取調〕
第198条　検察官、検察事務官又は司法警察職員は、犯罪の捜査をするについて必要があるときは、被疑者の出頭を求め、これを取り調べることができる。但し、被疑者は、逮捕又は勾留されている場合を除いては、出頭を拒み、又は出頭後、何時でも退去することができる。
②　前項の取調に際しては、被疑者に対し、あらかじめ、自己の意思に反して供述をする必要がない旨を告げなければならない。
③　被疑者の供述は、これを調書に録取することができる。
④　前項の調書は、これを被疑者に閲覧させ、又は読み聞かせて、誤がないかどうかを問い、被疑者が増減変更の申立をしたときは、その供述を調書に記載しなければならない。
⑤　被疑者が、調書に誤のないことを申し立てたときは、これに署名押印することを求めることができる。但し、これを拒絶した場合は、この限りでない。

〔第三者の任意出頭・取調べ・鑑定等の嘱託〕
第223条　検察官、検察事務官又は司法警察職員は、犯罪の捜査をするについて必要があるときは、被疑者以外の者の出頭を求め、これを取り調べ、又はこれに鑑定、通訳若しくは翻訳を嘱託することができる。
②　第198条第1項但書及び第3項乃至第5項の規定は、前項の場合にこれを準用する。

〔告訴権者〕
第230条　犯罪により害を被つた者は、告訴をすることができる。
〔告発〕
第239条　何人でも、犯罪があると思料するときは、告発をすることができる。
②　官吏又は公吏は、その職務を行うことにより犯罪があると思料するときは、告発をしなければならない。
〔起訴便宜主義〕
第248条　犯人の性格、年齢及び境遇、犯罪の軽重及び情状並びに犯罪後の情況により訴追を必要としないときは、公訴を提起しないことができる。
〔被告人以外の者の供述書・供述録取書の証拠能力〕
第321条　被告人以外の者が作成した供述書又はその者の供述を録取した書面で供述者の署名若しくは押印のあるものは、次に掲げる場合に限り、これを証拠とすることができる。
　一　裁判官の面前（第157条の4第1項に規定する方法による場合を含む。）における供述を録取した書面については、その供述者が死亡、精神若しくは身体の故障、所在不明若しくは国外にいるため公判準備若しくは公判期日において供述することができないとき、又は供述者が公判準備若しくは公判期日において前の供述と異つた供述をしたとき。
　二　検察官の面前における供述を録取した書面については、その供述者が死亡、精神若しくは身体の故障、所在不明若しくは国外にいるため公判準備若しくは公判期日において供述することができないとき、又は公判準備若しくは公判期日において前の供述と相反するか若しくは実質的に異つた供述をしたとき。但し、公判準備又は公判期日における供述よりも前の供述を信用すべき特別の情況の存するときに限る。
　三　前2号に掲げる書面以外の書面については、供述者が死亡、精神若しくは身体の故障、所在不明又は国外にいるため公判準備又は公判期日において供述することができず、且つ、その供述が犯罪事実の存否の証明に欠くことができないものであるとき。但し、その供述が特に信用すべき情況の下にされたものであるときに限る。
②　被告人以外の者の公判準備若しくは公判期日における供述を録取した書面又は裁判所若しくは裁判官の検証の結果を記載した書面は、前項の規定にかかわらず、これを証拠とすることができる。
③　検察官、検察事務官又は司法警察職員の検証の結果を記載した書面は、その供述者が公判期日において証人として尋問を受け、その真正に作成されたものであることを供述したときは、第1項の規定にかかわらず、これを証拠とすることができる。
④　鑑定の経過及び結果を記載した書面で鑑定人の作成したものについても、前項と同様である。
〔被告人の供述書・供述録取書の証拠能力〕
第322条　被告人が作成した供述書又は被告人の供述を録取した書面で被告人の署名若

しくは押印のあるものは、その供述が被告人に不利益な事実の承認を内容とするものであるとき、又は特に信用すべき情況の下にされたものであるときに限り、これを証拠とすることができる。但し、被告人に不利益な事実の承認を内容とする書面は、その承認が自白でない場合においても、第319条の規定に準じ、任意にされたものでない疑があると認めるときは、これを証拠とすることができない。
② 被告人の公判準備又は公判期日における供述を録取した書面は、その供述が任意にされたものであると認めるときに限り、これを証拠とすることができる。

〔当事者の同意と書面供述の証拠能力〕
第326条 検察官及び被告人が証拠とすることに同意した書面又は供述は、その書面が作成され又は供述のされたときの情況を考慮し相当と認めるときに限り、第321条乃至前条の規定にかかわらず、これを証拠とすることができる。
② 被告人が出頭しないでも証拠調を行うことができる場合において、被告人が出頭しないときは、前項の同意があつたものとみなす。但し、代理人又は弁護人が出頭したときは、この限りでない。

●警察法〔抄〕〔昭和29年6月8日 法律第162号〕

最終改正 平成20年6月18日法律第80号

〔警察の責務〕
第2条 警察は、個人の生命、身体及び財産の保護に任じ、犯罪の予防、鎮圧及び捜査、被疑者の逮捕、交通の取締その他公共の安全と秩序の維持に当ることをもつてその責務とする。
② 警察の活動は、厳格に前項の責務の範囲に限られるべきものであつて、その責務の遂行に当つては、不偏不党且つ公平中正を旨とし、いやしくも日本国憲法の保障する個人の権利及び自由の干渉にわたる等その権限を濫用することがあつてはならない。

●警察官職務執行法〔抄〕〔昭和23年7月12日 法律第136号〕

最終改正 平成18年6月23日法律第94号

〔質問〕
第2条 警察官は、異常な挙動その他周囲の事情から合理的に判断して何らかの犯罪を犯し、若しくは犯そうとしていると疑うに足りる相当な理由のある者又は既に行われた犯罪について、若しくは犯罪が行われようとしていることについて知つていると認められる者を停止させて質問することができる。

② その場で前項の質問をすることが本人に対して不利であり、又は交通の妨害になると認められる場合においては、質問するため、その者に附近の警察署、派出所又は駐在所に同行することを求めることができる。
③ 前2項に規定する者は、刑事訴訟に関する法律の規定によらない限り、身柄を拘束され、又はその意に反して警察署、派出所若しくは駐在所に連行され、若しくは答弁を強要されることはない。
④ 警察官は、刑事訴訟に関する法律により逮捕されている者については、その身体について凶器を所持しているかどうかを調べることができる。

〔保護〕
第3条　警察官は、異常な挙動その他周囲の事情から合理的に判断して次の各号のいずれかに該当することが明らかであり、かつ、応急の救護を要すると信ずるに足りる相当な理由のある者を発見したときは、取りあえず警察署、病院、救護施設等の適当な場所において、これを保護しなければならない。
　一　精神錯乱又は泥酔のため、自己又は他人の生命、身体又は財産に危害を及ぼすおそれのある者
　二　迷い子、病人、負傷者等で適当な保護者を伴わず、応急の救護を要すると認められる者（本人がこれを拒んだ場合を除く。）
② 前項の措置をとった場合においては、警察官は、できるだけすみやかに、その者の家族、知人その他の関係者にこれを通知し、その者の引取方について必要な手配をしなければならない。責任ある家族、知人等が見つからないときは、すみやかにその事件を適当な公衆保健若しくは公共福祉のための機関又はこの種の者の処置について法令により責任を負う他の公の機関に、その事件を引き継がなければならない。
③ 第1項の規定による警察の保護は、24時間をこえてはならない。但し、引き続き保護することを承認する簡易裁判所（当該保護をした警察官の属する警察署所在地を管轄する簡易裁判所をいう。以下同じ。）の裁判官の許可状のある場合は、この限りでない。
④ 前項但書の許可状は、警察官の請求に基き、裁判官において已むを得ない事情があると認めた場合に限り、これを発するものとし、その延長に係る期間は、通じて5日をこえてはならない。この許可状には已むを得ないと認められる事情を明記しなければならない。
⑤ 警察官は、第1項の規定により警察で保護をした者の氏名、住所、保護の理由、保護及び引渡の時日並びに引渡先を毎週簡易裁判所に通知しなければならない。

●軽犯罪法〔抄〕〔昭和23年5月1日 法律第39号〕

最終改正　昭和48年10月1日法律第105号

〔軽犯罪〕
第1条　左〔下〕の各号の一に該当する者は、これを拘留又は科料に処する。
8　風水害、地震、火事、交通事故、犯罪の発生その他の変事に際し、正当な理由がなく、現場に出入するについて公務員若しくはこれを援助する者の指示に従うことを拒み、又は公務員から援助を求められたのにかかわらずこれに応じなかつた者
16　虚構の犯罪又は災害の事実を公務員に申し出た者

●犯罪捜査規範〔抄〕〔昭和32年7月11日 国家公安委員会規則第2号〕

最終改正　平成20年4月10日国家公安委員会規則第5号

〔現状のままの保存〕
第86条　現場の保存に当つては、できる限り現場を犯罪の行われた際の状況のまま保存するように努め、現場における捜査が適確に行われるようにしなければならない。
②　負傷者の救護、証拠物件の変質および散逸の予防等特にやむを得ない事情のある場合を除いては、警察官であつても、みだりに現場に入つてはならない。

〔現場保存の範囲〕
第87条　警察官は、犯罪の行われた地点だけでなく広く現場保存の範囲を定め、捜査資料の発見に資するようにしなければならない。

〔現場保存のための処置〕
第88条　警察官は、保存すべき現場の範囲を定めたときは、直ちに、これを表示する等適切な処置をとり、みだりに出入する者のないようにしなければならない。この場合において、現場またはその附近に居合わせた者があるときは、その者の氏名、住居等を明確にしておくようにしなければならない。
②　現場において発見された捜査資料で、光線、雨水等により変質、変形または消失するおそれのあるものについてはおおいをする等適当な方法により、その原状を保存するように努めなければならない。

〔現場保存ができないときの処置〕
第89条　負傷者の救護その他やむを得ない理由のため現場を変更する必要があるときまたは捜査資料を原状のまま保存することができないときは、写真、見取図、記録その他の方法により原状を明らかにする処置をとらなければならない。

●**検視規則**〔抄〕〔昭和 33 年 11 月 27 日 国家公安委員会規則第 3 号〕

〔現場の保存〕
第4条 警察官は、検視が行われるまでは、変死体及びその現場の状況を保存するように努めるとともに、事後の捜査又は身元調査に支障をきたさないようにしなければならない。

INDEX 索引

●あ行

医師法19条の応招義務　114
一般的職務権限　80
一般負傷　8
医療機関　2
医療機関の選定方法　55
運動競技事故　8
応急処置　5
応急の手当　3, 4

●か行

加害　8
火災　144
火災以外の災害時における人命救助の法的根拠　146
火災事故　7
火災時における人命救助の法的根拠　145
ガスおよび酸欠事故　144
機械による事故　144
救急活動記録票の性格　94
救急救命処置　35
救急業務　2
救急業務協力要請権　67, 70
救急業務実施基準　28
救急業務実施基準の法的性格　30
救急業務の協力者に対する損害の補償　66
救急業務の対象となる事故　7
救急業務の法的根拠　9
救急隊　3, 17
救急隊員個人の賠償責任　78
救急隊員に対する供述依頼および出頭の要請　84

救急隊の権限　18
救急用自動車　20, 25
救助活動の協力要請の可否　149
救助活動の対象　144
救助活動の要件　143
救助業務　142
救助業務協力者の受傷等に対する補償　150
救助業務の法的性質　148
救助隊　154
急病　8
給付行政　12, 13
供述拒否権　84
供述調書　84
脅迫　81
緊急自動車　99
緊急の必要があるとき　149, 151
緊急避難　40
緊急避難の法理　61
緊張性気胸　119
具体的な職務権限　80
結果責任に基づく損害の賠償　66
公序良俗　59, 61
交通事故　8, 144
公務執行妨害罪　79
国際緊急援助活動により被災した場合の補償　156
国際緊急援助活動の法的根拠　156
国際緊急援助隊と国際消防救助隊との関係　158
国家賠償制度の趣旨　76
国家賠償責任　36, 41
国家賠償責任の本質　76

●さ行

サービス的転院搬送　19
災害　2
参考人　84
事実行為　13, 14, 68
自然災害以外の人為的事故時における人命救助の法的根拠　147
自然災害事故　7
自損行為　8
自動車損害賠償保障法　52
重度傷病者　35
取材の自由　91
証言する場合の基本的な留意事項　89
証人尋問　88
職務の執行　79
知る権利　92
人的応急公用負担　68
診療拒否が認められる「正当な事由」　115
水難事故　8, 144
正当な業務行為　60
捜査関係事項照会書　85
捜査機関からの供述依頼等　85
その他の事故　144
その他の場所　3

●た行

代位責任　76
建物等による事故　144
直接火災に起因して生じた事故　16
転院搬送　21, 47
転送　21
特別救助隊　154
特別救助隊とそれ以外の救助隊の相違点　154

●な行

任意行為　14, 68

●は行

爆発事故　144
非権力的事実行為　12, 14, 60
秘密　90
風水害等自然災害　144
プライバシーの権利　92
暴行　80
報道機関の取材活動　91
報道機関の取材に応ずる場合の公表事項　92
報道機関の報道の自由　91
補助執行　70

●や行

優先通行権に基づく救急車の走行　106

●ら行

例外的搬送事案　9, 11
労役負担　68
労働災害事故　8

著者略歴　関　東一(せき　とういち)

茨城県日立市出身
中央大学法学科卒
消防大学校講師
元 茨城大学講師
日本公法学会（行政法部会）会員

〈主な著書および執筆書〉
（著書）
「消防行政法要論」東京法令出版　　　　　「消防官のためのやさしい行政法入門」近代消防社
「消防刑法入門」近代消防社　　　　　　　「新訂・消防活動の法律知識」近代消防社
「消防措置命令の解説」東京法令出版　　　「新訂増補・立入検査の法律知識」近代消防社
「消防関係行政・刑事判例の解説」近代消防社　「消防法令解釈の基礎」東京法令出版
「防火管理責任の基礎」近代消防社　　　　「新版・消防法の研究」近代消防社
「火災予防違反処理の基礎」近代消防社

（執筆書）
「火災予防査察便覧第1編・第5編」東京法令出版　　「違反処理関係行政実例集」東京法令出版
「予防査察の要点」近代消防社　　　　　　「査察執行要領第1編（理論編）」東京法令出版
「消防判例の要点」近代消防社　　　　　　「消防作用法第5章～第7章」ぎょうせい

編集・著作権及び
出版発行権あり
無断複製転載を禁ず

消防官のための
救急・救助業務の法律知識

定価（本体1,800円＋税）
（〒290円）

編　著　　関　東一(せき　とういち)　© 2009　Toichi Seki
発　行　　平成21年2月28日（初版）
発行者　　近　代　消　防　社
　　　　　　　三　井　栄　志

発行所

近 代 消 防 社

〒105-0001　東京都港区虎ノ門2丁目9番16号
（日本消防会館内）

TEL　東京(03) 3593-1401代
FAX　東京(03) 3593-1420
URL　http://www.ff-inc.co.jp
E-mail　kinshou@ff-inc.co.jp
〈振替　00180-6-461　00180-5-1185〉

ISBN978-4-421-00776-3 C2032　〈乱丁・落丁の場合はお取替致します。〉